AF438815

AFFAIRE

LAVOCAT ET DE BOULLENOIS.

PROCÈS D'UN DÉPUTÉ CONTRE UN ÉLECTEUR.

PLAIDOIRIE COMPLÈTE DE Me JULES FAVRE.

BIBLIOTHÈQUE NATIONALE
R. F.
IMPRIMÉS.

PARIS

LEDENTU, LIBRAIRE,

PALAIS-ROYAL, GALERIE D'ORLÉANS, N°s 13 ET 45.

1847

AFFAIRE

LAVOCAT ET DE BOULLENOIS.

COMPTE RENDU

Extrait du journal le DROIT, des 18 et 19 janvier 1847, et de la GAZETTE DES TRIBUNAUX.

PLAIDOIRIE COMPLÈTE DE Me JULES FAVRE.

Audience du 16 Janvier 1847.

On ne peut se faire une idée de l'émotion extrême que l'annonce seule de ce procès a excitée dans le département des Ardennes. La petite ville de Mézières, où vit encore la mémoire du chevalier sans peur et sans reproche, a pris un air de mouvement et presque de fête, tout-à-fait inaccoutumé. Dans ses rues sombres et étroites, qui offrent en certaines parties de curieux vestiges des constructions du moyen âge, on voit se presser dès la veille, au lieu de soldats oisifs ou de bourgeois attardés, une foule accourue de tous les coins du département, impatiente des débats qui vont s'ouvrir. Toutes les auberges sont pleines. L'heureux propriétaire du *Palais-Royal* sourit avec orgueil aux visiteurs empressés qui se disputent jusqu'au moindre cabinet de son hôtel. Il n'y a pas jusqu'à Charleville, séparée seulement de Mézières par la Meuse, cité originale, dans laquelle on retrouve une sorte de spécimen de l'art à la fin du seizième siècle, qui ne voie refluer dans ses murs cette masse compacte de curieux, que Mézières n'a pu contenir. Tous vont en pèlerinage à l'église, contempler la bombe suspendue à la voûte, souvenir de l'invasion de 1815 et d'une héroïque résistance. Veut-on se rendre compte de ce que peuvent les passions politiques mêlées aux passions des petites villes, il faut qu'on sache que le samedi 16 janvier, dans une nuit sombre et par un froid de 9 degrés, un froid des Ardennes ! un flot de curieux et de curieuses assiège les portes de l'audience dès cinq heures du matin ! Les habitants de Paris, distraits par des accidents de toute sorte, n'ont plus l'idée de cette curiosité âpre et indomptable de l'habitant des départements.

L'audience était indiquée pour 9 heures précises. Grâce aux dispositions prises par M. le président et par M. le procureur général, tous les organes de la publicité ont eu des places commodes, et réservées au bas de l'estrade ou s'élèvent les bureaux de la Cour.

La salle d'audience de la Cour d'assises est assez vaste ; elle forme un carré long. Derrière les bancs des témoins s'élève un amphithéâtre destiné au public, et au-dessus règne une tribune garnie tout entière de dames, que ni le froid, ni les longueurs d'une audience de Cour d'assises, n'ont effrayées.

A neuf heures et demie, l'audience est ouverte ; le silence le plus profond s'établit aussitôt.

M. le procureur-général Decoux, en robe rouge garnie d'hermine, et assisté de M. Marlier, procureur du roi à Charleville, prend place sur le siège du ministère public.

Sur l'ordre de M. le Président, le greffier procède à l'appel de MM. les jurés. Mais au moment du tirage, on fait observer que M. de Boullenois n'est pas encore arrivé.

L'audience reste suspendue pendant quelques instants.

Une rumeur assez vive, qui se manifeste au fond de l'auditoire, annonce l'arrivée du prévenu. Il prend place à côté de M⁰ Jules Favre, son défenseur.

Par une disposition assez peu ordinaire aux Cours d'assises, la partie civile est avec son avocat, M⁰ Léon Duval, à côté du prévenu.

On procède au tirage du jury. Le ministère public a exercé neuf récusations ; la défense onze.

Interrogé par M. le Président, le prévenu déclare se nommer Charles-Auguste de Boullenois, 34 ans, propriétaire à Paris, y demeurant, rue de Beaune, 4 *ter*.

Le greffier donne lecture de l'arrêt de renvoi, rendu par la Cour royale de Metz ; de l'arrêt de rejet, rendu par la Cour de cassation, sur le pourvoi de M. le procureur-général de Metz.

Nous rappelons sommairement les faits à l'occasion desquels le procès va s'engager.

Quelques jours avant les élections générales du mois d'août dernier, un électeur de l'arrondissement de Vouziers (Ardennes), M. Charles-Auguste-Ernest de Boullenois, fit imprimer et publier à Vouziers deux brochures, l'une in-8° et l'autre in-4°, intitulées : *Aux électeurs de l'arrondissement de Vouziers, sur la candidature de M. Lavocat*, dans lesquelles M. Lavocat, député sortant, colonel de la 12ᵉ légion de Paris, et ancien membre du conseil municipal de Paris et du conseil général de la Seine, vit le délit de diffamation commis envers lui.

M. Lavocat, se constituant partie civile, déposa contre M. Ernest de Boullénois une plainte en diffamation, à raison de tous les faits à lui imputés à cause ou à propos des diverses fonctions publiques dont il a été revêtu.

Une ordonnance de la Chambre du conseil constata que les imputations diffamatoires dont se plaignait M. Lavocat se rangeaient en deux classes : les unes étaient relatives à la conduite que M. Lavocat aurait tenue lors de l'affaire de Fieschi ; les autres reprochaient à M. Lavocat d'avoir abusé de sa position de membre du conseil général du département de la Seine, pour donner au sieur Hourdequin, alors chef du bureau de la voirie, des renseignements à l'aide desquels il avait commis quelques unes des infractions à raison desquelles il a été traduit devant la Cour d'assises de la Seine, où il a été condamné à quatre années d'emprisonnement.

La Chambre du conseil décida que les faits Fieschi n'étaient pas relatifs à la qualité de fonctionnaire public de M. Lavocat ; mais que dans les faits Hourdequin, il avait évidemment agi comme membre du conseil général de la Seine. En conséquence, la Chambre du conseil renvoya le sieur de Boullénois devant la Chambre des mises en accusation de la Cour royale de Metz.

Cette ordonnance, qui présentait une lacune dans son dispositif, puisqu'elle ne faisait attribution à aucune juridiction de la connaissance des faits Fieschi, a été attaquée par voie d'opposition par M. Lavocat, partie civile.

Le procureur général, soutenant que tous les faits incriminés constituaient la diffamation envers un simple particulier, soit parce qu'un conseil général de département n'est pas dépositaire de l'autorité publique, soit parce que les faits imputés à M. Lavocat étaient en dehors des fonctions de membre du conseil général, requit le renvoi du sieur de Boullénois devant le tribunal de police correctionnelle.

La Chambre d'accusation de la Cour royale de Metz, par arrêt du 17 septembre 1846, déclara qu'il y avait présomption suffisante que le sieur de Boullenois s'était rendu coupable, à Vouziers :

1° De diffamation envers M. Lavocat, comme simple particulier, dans les passages compris dans les pages 2 à 8 de la brochure;

2° De diffamation envers M. Lavocat pour des faits relatifs à ses fonctions publiques de membre du conseil général de la Seine et du conseil municipal de Paris, notamment dans les pages 8 à 13 de la brochure, et dans la seconde publication in-4°. Elle considéra que toute diffamation envers un membre de conseil général de département constitue une diffamation envers un fonctionnaire public, dans le sens de l'article 16 de la loi du 17 mai 1819, puisque ces fonctions se lient à des intérêts généraux ; que, bien que la diffamation envers M. Lavocat comme particulier fût de la compétence de la police correctionnelle, il y avait lieu, attendu la connexité, de renvoyer le sieur de Boullenois devant la Cour d'assises. En conséquence, la Cour royale de Metz renvoya le sieur de Boullenois devant la Cour d'assises des Ardennes.

M. le procureur général de Metz s'est pourvu en cassation contre cet arrêt.

Mais la Cour rejeta le pourvoi, par arrêt du 20 novembre.

Voici l'articulation signifiée par M. de Boullenois et le nom des témoins qu'il a fait citer, conformément à la loi sur la diffamation :

Articulation de faits.

Le requérant articule et entend prouver devant la Cour d'assises, devant laquelle il a été renvoyé par arrêt de la Cour royale de Metz, confirmé par arrêt de la Cour de cassation du 20 novembre suivant :

1° Qu'il a été établi dans le procès Hourdequin que, pendant la délibération du conseil municipal de Paris, M. Lavocat, qui faisait alors partie de ce conseil, avait transmis à l'accusé Hourdequin des extraits de délibération, par suite desquels ce dernier organisait les moyens de fraude dont il se rendait coupable au préjudice de la ville de Paris ;

2° Que dans le procès Fieschi, M. Lavocat, en descendant de lui-même dans la prison de ce criminel, a rempli, ainsi que cela est étab au rapport dressé par M. Portalis, le rôle d'agent révélateur ;

3° Qu'à l'occasion du redressement de la canalisation de la Bièvre, rivière limitrophe d'une propriété sise à Paris, appartenant à M. Lavocat, celui-ci, profitant de sa position de membre du conseil municipal de la

Seine, s'est fait allouer une valeur supérieure à celle de la concession par lui faite.

Desquels faits le requérant fera la preuve tant par la notoriété publique que par les témoins ci-après :

1° M. Maës, sous-directeur de la Compagnie d'assurances la Fraternelle, demeurant à Paris, rue d'Enfer, 87 bis ;

2° M. Antoine Baupan, entrepreneur de travaux publics et propriétaire à Paris, rue de Ponthieu, 58 ;

3° M. Duval, inspecteur de l'assainissement de Paris, y demeurant, rue de Tournon, 23 ;

4° M. de Fourcy, ingénieur ordinaire du service municipal, à Paris, y demeurant, rue de Tournon, 23 ;

5° M. François Tanneveau, propriétaire et entrepreneur de maçonnerie, demeurant à Passy, rue Basse, 52.

6° Et M. Pierre-Hippolite Vitry, propriétaire et marchand de vins, porte-drapeau de la douzième légion de la garde nationale de la Seine, demeurant à la Gare d'Ivry, 6, commune d'Ivry.

M. Lavocat a fait assigner deux témoins, M. Pelassy de l'Ousle, membre du conseil général, et le sieur Fleury, dit Bourguignon, charpentier.

Interrogatoire du Prévenu.

M. le Président. — Reconnaissez-vous être l'auteur d'un écrit en quatorze pages in-8° commençant par ces mots : « Je soussigné ai cru », et finissant : « Voilà le seul motif qui m'a guidé ; » et d'un autre in-4° commençant par ces mots : « Messieurs et chers concitoyens », et finissant par ceux-ci : « Je ne réponds qu'aux écrits signés ? » — R. Oui, monsieur le Président.

D. Avez-vous des explications à donner ? — R. Non, monsieur, je m'en réfère à ce que dira mon avocat.

M. le Président. — Nous allons entendre les témoins cités à votre requête.

Audition des témoins.

Nicolas-Joseph Maës, sous-directeur à la Fraternelle.

D. Connaissez-vous M. de Boullenois ? — R. Je ne l'ai jamais vu.

D. Veuillez dire ce que vous savez ? — R. Relativement à quoi ?

D. En ce qui concerne l'affaire Hourdequin. — R. Je n'en ai entendu parler que par ouï dire.

8

Mᵉ Jules Favre. — A propos de différentes élections, M. Maës n'a-t-il pas entendu M. Lavocat mis en demeure de s'expliquer sur l'affaire Hourdequin? — R. Je sais que M. Lavocat n'a pas été réélu par suite d'explications défavorables à sa conduite.

D. Etait-ce sur l'affaire Hourdequin? — R. Non, monsieur. Voilà seize ans que je n'ai adressé la parole à M. Lavocat; et il m'est entièrement étranger.

Antoine Baupan, entrepreneur de travaux publics.

D. Connaissez-vous M. de Boullenois? — R. Non, monsieur.

D. Savez-vous quelque chose de l'affaire Hourdequin? — R. Rien absolument.

Mᵉ Jules Favre. — M. Baupan a-t-il été chargé de faire, à propos de la canalisation de la Bièvre, des travaux pour M. Lavocat?

M. le Président. — Mais ceci n'est pas compris dans les faits déférés au jury.

Mᵉ Jules Favre. — Je vous demande pardon. Nous prétendons que M. Lavocat a reçu des indemnités en nature et en argent.

Mᵉ Léon Duval. — On fait une confusion volontaire, on substitue une accusation à une autre; on parle de la canalisation de la Bièvre, et l'opération dont il est parlé dans le pamphlet est l'élargissement de la rue Saint-Hippolyte, où était située la tannerie de M. Lavocat. Les deux opérations sont séparées par dix ans. Au reste, M. Lavocat ne s'oppose pas du tout à ce que le débat s'engage sur ce point.

Mᵉ Jules Favre. — La question de date est peu importante. La loi veut que nous soyons admis à prouver tous les faits connexes. Nous prétendons que M. Lavocat a imposé à la ville des conditions non prévues par les contrats.

M. le Président. — En ce moment, le débat est entre le défenseur et le président. Si je m'abuse sur la manière dont je limite le débat, Mᵉ Jules Favre voudra bien poser des conclusions. On ne peut prouver que les faits articulés compris dans l'arrêt de renvoi.

Mᵉ Jules Favre. — Le débat doit s'établir sur tous les faits déférés à la justice. Nous avons parlé de cession de terrain faite par M. Lavocat à la ville.

Mᵉ Léon Duval. — Il s'agit de l'affaire Hourdequin, n'est-il pas vrai? Eh bien, lors du second fait, de la seconde anecdote, Hourdequin n'était plus dans les bureaux. Au reste, je le répète, je désire que le débat porte sur tous ces points.

M. le Président. — Personne n'a le droit de consentir à ce que la loi soit violée. Si je me trompe sur la direction des débats, veuillez poser des conclusions.

M⁰ Jules Favre. — Je respecte l'opinion de M. le Président. Mais ma position est ici celle du défenseur qui ne doit négliger aucun moyen pouvant servir à la justification de son client ; je vais poser des conclusions.

M⁰ Jules Favre pose des conclusions ainsi conçues :

« Attendu qu'en articulant que Lavocat aurait profité de sa position de membre du conseil municipal de Paris pour obtenir de la ville de Paris, par un contrat de cession de sa propriété sur la Bièvre, des conditions plus avantageuses que celles qu'il aurait obtenues comme simple particulier, M. de Boullenois a le droit, comme prévenu, de prouver la vérité des faits qu'il reproche à Lavocat, quelle que soit leur date ;

« Attendu que les témoins sont appelés pour établir que Lavocat a fait exécuter et payer par la ville de Paris, en vertu d'un traité passé avec elle, des travaux qui lui ont profité exclusivement ;

« Aux termes de la loi du 20 mai 1819, plaise à la Cour admettre les dits témoins de la preuve. »

M. le Président. — Voulez-vous développer vos conclusions, M⁰ Favre?

M⁰ Jules Favre. — Je m'en réfère, quant à présent, à ce que j'ai dit à la Cour.

M. le Président. — La parole est à M. le Procureur-général.

M. le procureur-général Decoux se lève et s'exprime ainsi :

Les explications qui viennent d'avoir lieu ne laissent aucune équivoque possible sur la question de fait soumise à la Cour. Il est bien certain que le fait dont on demande à faire le preuve, est un fait différent du fait contenu dans l'écrit incriminé ; ceci est clair comme le jour. Quel était le fait articulé ? Pour en connaître la nature, la date, le jour, il suffit de lire l'écrit incriminé.

« .... M. Lavocat avait une tannerie dans le douzième arrondissement. Le terrain avait peu d'importance dans ce quartier. La ville de Paris fit reculer le mur des ateliers de cet établissement. Je pourrais demander à M. Lavocat quelle somme il reçut pour indemnité. » Voilà le passage en question : Je crois qu'il n'est nullement besoin, ni pour vous, ni pour Messieurs les jurés, de commenter ce passage.

Vous y voyez une allégation nette, précise, s'appliquant au reculement d'un mur. A la vérité, dans cet écrit, on ne dit pas qu'il s'agisse de l'élargissement de la rue Saint-Hippolyte ou de la canalisation de la

Bièvre. Mais la canalisation de la Bièvre a eu lieu douze ans plus tard, et la confusion n'est pas possible.

Il y a une autre raison bien péremptoire de décider ainsi. Cette raison vient d'être donnée à l'instant.

De quoi s'agit-il dans l'ensemble des écrits publiés par de Boullenois ? Qu'impute-t-il à M. Lavocat ? Une prétendue complicité avec Hourdequin dans les faits qui ont conduit ce dernier devant la Cour d'assises et l'ont fait condamner.

Dans le premier écrit, on avait dit à M. Lavocat : Vous avez fait des communications coupables à Hourdequin ; vous avez été son complice. Dans le second écrit, on veut préciser, et l'on cite un exemple de cette prétendue complicité avec Hourdequin.

Puis on ajoute : Hourdequin était alors au bureau de la grande voirie. On relie ainsi cette imputation à l'écrit de la veille. Eh bien ! en 1842, Hourdequin avait cessé d'être au bureau de la grande voirie et d'appartenir à la préfecture de la Seine.

Je crois donc qu'en fait aucun doute ne peut s'élever, et que, bien évidemment, l'audition du témoin serait en dehors de l'écrit incriminé et des termes de l'arrêt de renvoi. La difficulté consiste maintenant dans l'appréciation de la question de principe.

Nous devons le dire ; tous, magistrats, président de la Cour d'assises, ministère public, nous éprouvons un certain embarras. M. Lavocat, placé en face d'imputations qui touchent à son honneur, comprend très-bien que, devant le public qui assiste à ces débats, et devant le public plus nombreux encore qui les lira quand ils auront été publiés, on tirerait de son silence des interprétations funestes. S'il ne répondait pas, il pourrait donner à ses ennemis (et je crois être autorisé à dire qu'il en a) le droit de publier qu'il n'a pas permis à la vérité de se faire jour. Alors M. Lavocat obéit à un sentiment généreux. Il dit : « L'audition des témoins sur des faits nouveaux n'est pas légale, mais j'accepte le débat sur tous les points, je l'élargis autant qu'il vous sera agréable de le faire. Prenez ma vie tout entière. » Nous comprenons cette honorable susceptibilité de la part de M. Lavocat. Mais ici se présente une grande question.

Lorsqu'un fonctionnaire public a été l'objet d'une diffamation, à raison de laquelle il a traduit le diffamateur devant le jury, les principes qui gouvernent la poursuite et l'instruction sont-ils des principes d'un ordre secondaire et limité ? Est-il vrai que le fonctionnaire soit dans une telle situation, dans une telle indépendance, dans une telle liberté vis-à-vis de la puissance publique, qu'il lui appartienne d'affranchir son adversaire, et de s'affranchir lui-même des règles tracées par la loi , et de livrer à des regards indiscrets sa vie entière?

Les prohibitions dans ce cas ne sont-elles point des prohibitions d'ordre public?

Est-ce dans le système de protection dont la loi couvre tous les citoyens que le fonctionnaire doit chercher la règle de sa conduite? Ou bien est-ce dans un système de protection que la puissance publique a organisé, pour des hommes qui lui appartiennent par des liens étroits et intimes , par l'existence d'un mandat solennel , par leur caractère public , pour des hommes qu'elle doit et veut protéger même malgré eux ?

Voyez l'ensemble des dispositions de la loi et l'esprit dont le législateur a été animé.

La loi a voulu que la vie du fonctionnaire public pût être recherchée, et que la vérité des faits allégués pût être prouvée ; ce qui libère le diffamateur de toute pénalité.

Elle a , dans l'intérêt de la morale publique , soumis les fonctionnaires à des conditions plus rigoureuses que les autres citoyens.; mais elle leur a donné aussi des garanties qui ne peuvent être méconnues.

Il nous semble que c'est déjà un cercle bien large que de soumettre le fonctionnaire à l'examen ; que c'est une chose considérable que de dire : Quand le diffamateur aura fait la preuve des faits qu'il a avancés , il sera libre de toute peine . Je vous le demande, est-ce qu'à côté de cette preuve, vous n'avez pas des précautions parfaitement légitimes , des prohibitions que la loi a eu raison de dicter? Ne voyez-vous point cette prohibition de n'admettre aucun témoignage contre la moralité du plaignant ; cette autre prohibition de ne s'écarter sous aucun prétexte des termes de l'arrêt de renvoi? Est-ce qu'il n'y a pas des délais, des déchéances? Nous ne vous donnons point notre opinion pour la vérité judiciaire : c'est une question fort grave et nouvelle. Je ne sache pas qu'il y ait encore d'arrêt qui ait jugé ces prohibitions d'ordre public. Mais, en présence de ce qu'a d'exorbitant le système d'admission à la preuve des faits imputés aux fonctionnaires publics , lorsque le législateur a voulu placer dans un état de défiance, de suspicion légitime, les fonctionnaires, il a voulu en même temps leur assurer des garanties, avec la certitude que ces garanties seraient toujours respectées.

La Cour rendra un arrêt qui , non-seulement sera conforme aux principes , mais empreint d'une haute et profonde moralité.

S'il n'y a pas de règles tracées , s'il n'y a pas de limites infranchissables ; je vous le demande , dans quelle situation allons-nous être placés ?

Supposez qu'au lieu d'articuler le fait relatif à la canalisation de la Bièvre, on eût articulé un fait tout autre qui n'aurait aucune espèce de rapport avec la tannerie de M. Lavocat ; suffirait-il que M. Lavocat vînt dire : J'accepte la preuve , pour qu'elle fût ordonnée ? Si on articulait deux, quatre , six faits , s'il y en avait dix , vingt, suffirait-il que M. Lavocat , fonctionnaire public ; acceptât la discussion pour quelle fût permise? Non ! la raison condamne un pareil système. Nous sommes dans une matière spéciale et limitée. La Cour appréciera.

Maintenant, Messieurs , une autre préoccupation se présente à notre esprit : des conclusions sont prises par le défenseur du prévenu. Il n'y a pas de conclusion contraire. Est-ce la Cour qui doit vider le litige ou bien est-ce M. le Président, en vertu de son pouvoir discrétionnaire?

Nous croyons qu'il y a lieu de décider simplement par l'arrêt de la Cour, que la difficulté vient aboutir au pouvoir discrétionnaire de M. le Président.

Mᵉ Jules Favre prend de nouveau la parole, et dit :

Messieurs, je demande la permission d'insister en quelques mots, au nom de la liberté de la défense, au nom du respect auquel a droit le prévenu et des égards légitimes qu'il peut réclamer. Jusqu'au dernier mot de M. le procureur-général, j'ignorais quel serait le sens de ses conclusions ; avec son excellent esprit, M. le procureur-général a bien vu que ce n'est pas comme simple particulier, que c'est comme candidat à la députation que M. Lavocat est attaqué. L'honneur de M. Lavocat ne lui appartient pas ; l'on peut dire qu'il appartient au Parlement, qui est solidaire de tous ses membres.

M. le procureur-général a compris encore que, si d'un côté la loi est impérative, de l'autre, la volonté du plaignant, l'intérêt même de M. Lavocat, semblent commander que son cercle soit élargi. C'est donc à regret, et seulement dans la crainte de l'abus, que M. le procureur-général a conclu à ce que l'audition des témoins sur le fait dont il s'agit ne fût point ordonnée. Pour moi, je crois, en fait, et sans professer de doctrine, que la Cour ne peut accueillir les conclusions de M. le procureur-général.

Je conviens avec M. le procureur-général que la loi sur la presse est hérissée de toutes sortes de déchéances et de formalités. Le principe ne subsiste pas moins. M. le procureur-général vous disait que le fonctionnaire public appartenait à la discussion, et qu'il devait faire passer sa vie tout entière au crible de l'opinion ; M. le procureur-général trouve que c'est là une position fâcheuse ; je ne suis pas de son avis ; je crois que c'est une faveur signalée que fait la loi au fonctionnaire de pouvoir prouver que celui qui l'a attaqué, non-seulement est un diffamateur, mais encore un calomniateur.

La loi sur la diffamation, qui protège les gens équivoques comme les honnêtes gens, fait le désespoir de ces derniers. Ce serait un grand bienfait pour eux que de conduire le diffamateur devant la justice du pays, et de lui dire : « Prouvez les faits que vous m'imputez. »

Mais si, d'un côté, le fonctionnaire accepte le débat ; si, de l'autre, le ministère public le repousse, le fonctionnaire reste dans cette situation équivoque, funeste pour son honneur, que le bénéfice que la loi lui accorde de confondre la calomnie est illusoire.

Nous articulons des faits sur lesquels des témoins sont prêts à déposer ; et voici que vous réduisez M. Lavocat à cette position cruelle de laisser croire que les témoins ont été forcés de garder dans leur conscience cette vérité qui l'aurait accablé peut-être.

Je ne sache rien de plus insoutenable pour le plaignant.

Vous êtes les ministres de la loi, vous êtes ses interprètes. Mais vous devez interpréter avec intelligence, avec libéralisme. Quand un homme est là, la main pleine de vérités, vous ne pouvez pas le condamner à la tenir fermée, surtout quand l'honneur de deux personnes y est engagé.

La loi de 1819 prononce des déchéances. Elle ne permet pas de faire entendre des témoins sur des articulations qui n'ont pas été signifiées. Elle n'autorise point le prévenu à faire une enquête sur la moralité du plaignant. Si l'on ouvrait cette enquête, en effet, vous comprenez que affreux scandale , quelle arène à toutes les mauvaises passions. Il fallait aussi imposer au prévenu des déchéances, afin qu'il n'y eût pas de surprise, que le plaignant ne fût pas entraîné dans un piège, et qu'il connût bien tous les faits auxquels il devra répondre. Mais quand ces formalités ont été remplies, quand les faits articulés sont connus du plaignant, prétendre que la preuve ne peut pas être faite, c'est aller au-delà de la loi.

M. Lavocat accepte le débat. De la part de son honorable défenseur, c'est une déclaration loyale, un désir qui ne saurait être équivoque, car il vient ici comme moi remplir une mission de vérité. De la part de M. Lavocat, il pourrait bien y avoir une restriction de conscience, un secret désir de voir les principes si bien développés par M. le procureur-général, triompher. Il pourrait y avoir une ostentation commode, une espérance qu'il sait devoir avorter au milieu des dispositions de la loi de 1819. Mais ce sont là des choses qu'il ne m'est pas permis de sonder. Je prends le débat dans la situation où il se trouve. La Cour voudra sans doute que la vérité se fasse jour. Nous nous en rapportons à sa sagesse.

*M*ᵉ *Léon Duval.*—Messieurs, je demande à dire un mot. Les explications que la Cour a entendues me forcent à m'expliquer à mon tour. On vient nous dire qu'on a la main pleine de vérités ; mais que si M. Lavocat permet l'audition des témoins, c'est de l'ostentation de sa part.

Qu'est-ce que c'est donc que la position de M. de Boullenois ? Il a voulu empêcher l'élection de M. Lavocat par un pamphlet ; il a amassé tous les faits qu'il a pu recueillir, il les a accumulés dans son libelle.

Il n'y a pas un des faits qu'il a articulés sur lequel il ne puisse faire entendre des témoins par centaine. Il a eu grandement le temps de préparer sa défense. Il arrive qu'au milieu de tous ces faits, M. de Boullenois remarque qu'il en est un dont la responsabilité ne saurait être imputée à M. Lavocat, car il n'était pas alors conseiller municipal. Alors M. de Boullenois se dit : « Je m'en vais en chercher un autre. » Et puis, voilà qu'à la veille des débats, il lui plaît d'imaginer, d'inventer ce nouveau fait. Quand vous le voyez agir de la sorte, croyez-vous qu'il soit bien probable que M. de Boullenois ait la main pleine de vérités?

Quant à moi, voici le moment même de m'expliquer. Oui, ce sera avec joie que j'entendrai tous les témoins que vous voudrez faire entendre.

Il n'y a pas là d'ostentation ; il y a un vœu bien légitime et bien sincère.

*M*ᵉ *Jules Favre.*—Le consentement que vient de donner M. Lavocat, a bien l'air de celui d'un plaideur qui désire perdre son procès. On nous objecte que les faits ne se ressemblent pas, et que nous insistons parce que nous désirons une vaine parade. Si M. Lavocat entend les témoins, si la Cour ordonne leur audition, on verra que ces témoins révéleront la vérité du fait articulé. Mais M. Lavocat serait trop heureux que ses conclusions fussent repoussées, et d'en être quitte pour la vaine démonstration qu'il vient de faire au pied de la Cour.

M. le Président.—La Cour se retire dans la chambre du conseil pour en délibérer.

Pendant la suspension d'audience, la plus vive agitation règne dans la salle ; des conversations bruyantes s'établissent de toutes parts.

La Cour, après délibération dans la chambre du conseil, rend un arrêt par lequel :

« Attendu que l'art. 21 de la loi du 17 mai 1819 dispose que les faits dont la preuve est admissible, ne peuvent être autres que ceux qui ont été retenus dans l'arrêt de renvoi ;

« Attendu que l'art. 23 de la même loi donne au prévenu le droit de faire entendre des témoins pour établir sa moralité, mais non pas pour discuter la moralité du plaignant...

« Dit que le témoin ne sera pas entendu. »

Me Jules Favre : Les autres témoins que nous avons fait assigner devaient déposer sur le même fait. Nous déclarons ne pas insister.

M. le Président : Nous allons passer aux témoins assignés à la requête de la partie civile.

M. Pelassy de l'Ousle, membre du conseil général. — Je ne sais rien de relatif à l'affaire Fieschi, et je ne puis donner que quelques renseignements relatifs à la position de M. Lavocat comme membre du conseil général. Il s'agit notamment d'un billet écrit par M. Lavocat à M. Hourdequin : il était question, non pas d'une affaire de voirie, mais d'une affaire de carrières. M. Lavocat était à côté de moi, la discussion était assez vive, et je me souviens que M. Lavocat me passa un petit papier sur lequel était écrit : *Galis hurle !* Je dois dire qu'il existait entre M. Galis et M. Lavocat une très-grande intimité. J'ajouterai que M. Galis est un homme très-ferme, très-indépendant, et dans l'amitié duquel on n'entre que lorsqu'on en est digne. Permettez-moi de dire quelques mots sur la manière dont sont traitées, au conseil municipal, les affaires de voirie. M. Hourdequin faisait les rapports, et M. Lavocat était étranger à la commission. D'ailleurs, M. Hourdequin entrait souvent dans le sein du conseil, personne ne se défiait de lui, et il n'était pas besoin qu'on lui passât des renseignements qu'il avait à sa disposition. Quant à la réputation de M. Lavocat, au conseil, c'est celle d'un galant homme.

Me Jules Favre. — Est-ce qu'il n'y avait pas autre chose que ces mots : *Galis hurle !* — R. Oui, monsieur, mais je n'ai vu que cela. J'ai demandé à M. Samson ce qu'il y avait sur le billet.

D. Y avait-il plusieurs lignes ? R. — Oui, monsieur.

M. le procureur-général. — Mais M. Lavocat appela-t-il spécialement votre attention sur un passage ? — R. Non, monsieur, et j'aurais pu lire tout.

Me Jules Favre. — M. Galis est-il assigné ?

Me Léon Duval. — Non, monsieur, je ne pouvais faire assigner tout le conseil municipal; je produis au débat une lettre du vice-président du conseil général.

M. le Président. — M. Samson a-t-il dit ce qu'il y avait sur le papier ? — R. C'était, m'a-t-il dit, une série d'observations sans importance : un tel parle, un tel se tait.

M. le Président. — Et enfin *Galis hurle !*

Le sieur Fleury, charpentier. — Dans le courant de décembre 1846, je prenais un verre de vin chez Bruère, M. de Boullenois était là; il dit qu'il avait une affaire avec M. Lavocat, et qu'il cherchait des témoins. Il ajouta : Si j'en trouve quelques uns, je les emmènerai à Mézières, et je les défrayerai de tout. Mon camarade me dit : Tiens, vois-tu, si nous en disions autant, nous autres, simples prolétaires, nous serions dans le cas d'être condamnés.

M. de Boullenois resta là. Lorsque nous partions, je rencontrai un nommé Delpech, auquel je racontai cela. Tiens, c'est bien drôle, me dit-il, un monsieur qui vient dans un cabaret faire ce que nous ne ferions pas, nous autres prolétaires !

M⁹ Jules Favre, — On fait venir un témoin qui n'a pas vu grand chose, dont l'indépendance n'est pas très-bien prouvée.

Le témoin. — Est-ce qu'on veut m'attaquer ? Je suis prolétaire, et j'ai fait mon devoir dans les circonstances...

M. le Président. — Continuez tout simplement le récit des faits.

Le témoin. — Je repassai deux heures après. M. de Boullenois était parti. Bruère me raconta ce qui s'était fait. Bah! c'est un monsieur qui veut une place. Et s'il était en face de nous, simples prolétaires, il serait comme M. Lavocat : tant l'un, tant l'autre. Nous n'en aurons pas davantage.

M⁹ Jules Favre, — C'est un témoin philosophe.

M⁹ Léon Duval. — M. de Boullenois buvait-il ? — R. Oui, monsieur.

Une voix dans l'auditoire. — C'est pas vrai !

M. le Président. — Nous entendrons ce témoin en vertu du pouvoir discrétionnaire.

M⁹ Jules Favre. — Comment M. Lavocat a-t-il su ces faits?

Le témoin. — Je dis à Delpech : Voilà des gens qui veulent user du monopole, il faut avertir M. Lavocat. Mais je ne connaissais pas M. Lavocat.

M. Léon Duval. — Il reste toujours bien entendu que cette scène de cabaret a eu lieu. J'ajouterai qu'on avait voulu aller jusqu'à M. Barbedienne, qui a épousé la belle-mère de M. Lavocat; on voulait se servir de pareilles armes.

M. le Président. — Ceci devient étranger aux débats. Les faits sont constatés.

Le témoin. — Est-ce qu'on veut me faire du mal, en disant...

M. le Président. — Vous êtes ici pour déposer, et les questions personnelles sont en dehors du débat.

Un juré. — Le témoin reconnaît-il M. de Boullenois ?

Le témoin. — Je suis atteint d'une *amaurose*, et je n'ai pas pu distinguer.

Un juré. — Ne pourrait-on pas s'assurer si le témoin est véritablement atteint d'une *amaurose* ?

M⁰ Jules Favre. — Il aurait mieux valu avoir un témoin qui ne fût pas aveugle.

Mʳ Léon Duval. — Niez-vous avoir été dans le cabaret ?

M⁰ Jules Favre. — Qu'importe ? nous nions les propos qu'on nous prête.

M. le Président donne lecture d'un certificat constatant que le témoin est atteint d'*amaurose* à la suite d'une blessure.

Un juré. — Est-ce le jour même où le témoin a vu M. de Boullenois, qu'on lui a dit d'aller chez M. Lavocat ? — R. Oui, on m'a dit qu'il me demandait.

M. Lavocat. — Il y a confusion dans les souvenirs du témoin. La première fois, il est venu de son propre mouvement. Je montais en voiture, et je n'avais pas le temps de l'écouter. Lorsqu'il prononça le nom de M. de Boullenois, je prêtai attention. Je lui dis de revenir, parce que je tenais à ce qu'il fît sa déclaration devant d'autres personnes.

Le témoin. — Toutes ces circonstances sont vraies.

M. le Président. La parole est à l'avocat de la partie civile.

M⁰ Léon Duval s'exprime ainsi :

Messieurs, M. Lavocat a brigué cinq fois et cinq fois obtenu l'honneur de représenter l'arrondissement de Vouziers à la Chambre des Députés. A la dernière épreuve, M. Lavocat a trouvé sur le terrain de l'élection un libelle, suivi bientôt d'un autre libelle. Ces écrits attaquent à la fois sa vie privée et la part qu'il a prise, comme homme public, à divers faits de notre histoire.

Si les deux libelles disent vrai, M. Lavocat n'a ni foi, ni honneur, ni scrupule, ni probité, c'est un malhonnête homme. Voici la querelle qui va se vider par-devant vous, et dont vous allez être les juges. On ne dira pas que M. Lavocat ait choisi un tribunal facile aux hommes publics ou complaisant à la corruption ; et déjà je me sens soutenu par cette conviction qu'il n'y a personne ici qui ne soit touché de son courage.

M. de Boullenois, l'auteur des deux écrits incriminés, a pris, de prédilection, dans la carrière de M. Lavocat, deux groupes de faits : les circonstances qui ont mêlé M. Lavocat au procès du régicide Fieschi, et les rapports, qu'en sa qualité de membre du conseil général de la Seine,

2

M. Lavocat a eu avec M. Hourdequin, alors chef du bureau de la voirie.

Je m'explique d'abord sur ce dernier chef, c'est-à-dire sur l'incident qui mit entre les mains du sieur Hourdequin l'écrit que M. de Boullenois a pris pour texte de ses accusations insensées.

La ville de Paris soudoie un service d'ingénieurs et d'ouvriers pour veiller à la sûreté du terrain sur lequel la cité est assise. Paris est miné presque partout, à des profondeurs immenses, de carrières d'où sont sortis les matériaux des premières maisons qui ont pris pied sur le sol ; de telle sorte que, sous la ville qui respire en plein air et qui voit dans le bleu du ciel, il y a un réseau de rues souterraines où le jour n'a jamais pénétré. Quelquefois le poids des constructions, l'ébranlement que causent les fardeaux qui se charrient à sa surface, ou l'infiltration des eaux pluviales, déterminent des éboulements. Pour prévenir ces malheurs, il faut étayer : de là une allocation de fonds, des travaux et une surveillance permanents.

En 1841, des bruits alarmants se répandirent, des rumeurs à faire frissonner se propagèrent. On disait que les sommes consacrées par la ville de Paris à étayer les carrières, étaient plus ou moins dilapidées ; que les fonds votés pour achat de matériaux propres à soutenir les voûtes, étaient détournés ; qu'on se procurait des pierres de la façon la plus expéditive et la plus imprévoyante, en excavant dans les carrières elles-mêmes les blocs qui étaient les points d'appui séculaires du sol de Paris ; que la solde des ouvriers nécessaires aux travaux passait aussi en concussions ; qu'on simulait des ouvriers fictifs, et qu'on dévorait le budget des carrières, à la faveur d'émargements signés par des faussaires ; qu'enfin, l'étaiement des souterrains sous Paris, manquant de tous côtés, les maisons et les monuments risquaient de s'affaisser quelque jour dans les abymes. Le conseil municipal de la ville de Paris s'était ému de ces bruits, et il avait institué dans son sein une commission pour les éclaircir.

Les carrières sous Paris étaient, à cette époque, dans les attributions de M. Hourdequin, qui, depuis, s'est perdu pour avoir trafiqué des faveurs et des secrets de la voirie ; mais alors, soit qu'il n'eût pas encore failli, soit qu'il se fût rendu impénétrable, la confiance que le conseil municipal avait en lui était intacte. Travailleur infatigable, intelligent, dévoué, il avait reçu déjà une fois du conseil la faveur fort rare d'une gratification, et il recueillait tous les jours, de la plupart de ses membres, dont je n'ai pas besoin de rappeler la position élevée, des témoignages de considération et d'amitié. Il faut parcourir les débats du procès criminel que subit Hourdequin devant la Cour d'assises, pour se convaincre de l'engouement qu'il avait su inspirer à tout le monde.

Ce n'était pas seulement à l'Hôtel-de-Ville que M. Hourdequin fascinait tous ceux qui avaient affaire à lui. Il avait été employé pendant plusieurs années dans les bureaux de la garde nationale de Paris, et honoré dela protection de l'illustre maréchal Lobau, protection qui l'a avoué dans le malheur, et qui, à plus forte raison, éclatait avec grâce et autorité dans la bonne fortune. Le brave général Jacqueminot aussi lui a rendu ce témoignage, que douze ans d'honneur et de travaux distingués lui avaient valu son affection. En vérité, si jamais l'adversité fut amère, ce dut être celle de cet homme à qui de si nobles cœurs furent fidèles jusqu'à la Cour d'assises.

Voilà le personnage que M. Lavocat vit, dans la session de novembre 1841, appelé à justifier la comptabilité des souterrains sous Paris par devant le conseil municipal.

Un mot cependant encore sur un incident essentiel. Quelque temps avant la séance qui va s'ouvrir, un anonyme, un observateur enjoué et satirique, avait imaginé pour chacun des membres du conseil municipal une qualification puisée dans ses habitudes ou dans ses mœurs, et qui les peignait, dit-on, avec quelque verve. Cela n'était pas respectueux; mais ces messieurs sont si haut placés, que chacun d'eux avait eu l'esprit d'en rire.

Dans cette revue sardonique, il était échu à M. Galis, c'est-à-dire à l'Alceste du conseil municipal, à un homme dont tout le monde aime le naturel, la franchise et la droiture... il lui était échu... je suis bien obligé de le dire... l'épithète de *hurleur*, soit parce qu'après l'invasion du choléra il avait demandé avec instance qu'on donnât de l'air et du jour aux rues étroites du centre de Paris, et particulièrement à la rue du Grand-Hurleur, où la population pauvre est entassée, soit parce qu'il lui arrive quelquefois d'être enroué, et parce que cela ne l'empêche pas d'insister de tous ses poumons et de toute sa fermeté sur les choses qu'il croit bonnes, justes et fondées. La première explication est celle de M. Galis : il m'a autorisé à vous la transmettre. La seconde n'est qu'une conjecture.

Nous voici donc à la mémorable séance du conseil municipal, où M. de Boullenois trouve que M. Lavocat a perdu le droit d'être regardé comme un galant homme. La séance s'ouvrit par le rapport de la commission municipale, qui avait été chargée de scruter l'affaire des carrières.

En premier lieu, ce qui résulta de ce rapport, c'est que le sieur Hourdequin était pur de toute participation aux deniers détournés de leur emploi. En voici des preuves irrécusables : M. Galis, l'inexorable M. Galis, faisait partie de la commission. Or, voici ce qu'il a dit à la Cour d'assises, dans les débats du procès Hourdequin.

« Le conseil municipal avait entendu parler des désordres qui régnaient dans l'administration des carrières. Lorsque la session de novembre 1841 s'est ouverte, le conseil municipal a voulu nommer une commission pour examiner ces faits. Je fis partie de cette commission. Le résultat fut que nous eûmes cette impression, que M. Hourdequin n'avait aucune part dans les bénéfices illégaux qui résultaient de ces désordres. »

En second lieu, la commission avait pris en flagrant délit des abus qui avaient soulevé tant de clameurs et de doléances... mais pas si graves qu'on les avait crus.

D'abord il fut démontré que la peur des éboulements était une panique. Sur 120,000 fr. consacrés annuellement par la ville à soutenir les voûtes des carrières, il n'y a que 8,000 fr. de votés pour achats de matériaux. Il ne pouvait donc pas s'être commis des infidélités dévorantes sur cette petite somme.

Vint ensuite la question des ouvriers fictifs et des mineurs imaginaires : sur cent soixante personnes qui percevaient un salaire comme employées aux travaux sous terre, il y en avait seize qui furent reconnues fictives. C'était beaucoup moins, infiniment moins, que la malignité n'avait cru. Encore cela s'expliquait par deux raisons qui n'étaient pas absolument mauvaises. En effet, les ingénieurs sont ordinairement aidés dans leurs travaux par deux ou trois ouvriers, plus ou moins, qui portent leurs instruments, et qu'on appelle plantons.

Mais il y a aussi des ingénieurs qui se donnent un peu plus de mal, qui se passent de plantons, et qui s'en appliquent la solde. Cela se faisait dans le service des carrières sous Paris ; et il paraît que cela se fait même dans les ponts-et-chaussées, qui ont accompli sous nos yeux d'immenses travaux avec une intégrité et une économie admirables.

L'autre cause des émargements fictifs était bien autrement vénielle. Il se trouva que des ouvriers infirmes ou usés de vieillesse figuraient sur les états, et touchaient leur salaire sans le gagner, parce qu'ils étaient excédés de maladies ou d'années, et quelques uns des deux fardeaux à la fois, et parce qu'ils ne pouvaient plus descendre dans les carrières.

Il faut que ce dernier méfait (il est un peu dur de donner ce nom à de pareilles irrégularités) ait vivement touché le conseil municipal, car on le retrouve exprimé, avec une commisération dont personne ne peut se défendre, dans les dépositions des membres du conseil municipal qui furent les plus sévères en cette occurrence. « C'était, a dit M. Galis, une espèce de bureau de charité. » M. Perrier a dit quelque chose de semblable : « M. Hourdequin avait fait de cette affaire une question d'humanité. Voilà ce qui nous a été démontré. »

Bureau de charité ! Question d'humanité ! Cela n'empêcha pourtant point M. Galis d'apostropher M. le préfet de la Seine, en conseil municipal, d'une façon bien véhémente, car il a reconnu lui-même qu'en cette circonstance il avait été *vif et qu'il avait parlé très-haut.*

Ajoutez seulement à cela la circonstance aggravante d'un rhume qui rendait la voix de M. Galis un peu rauque, et vous comprendrez que dans le désœuvrement d'une longue séance, dans l'excitation nerveuse d'une scène que M. Lavocat n'approuvait pas tout-à-fait, il ait écrit sur le premier papier qui lui tomba sous la matin : *Ici Galis hurle.*

Pour être sévère à cette boutade, il faut ignorer tout ce qu'engendrent de familiarité et de camaraderie plusieurs années passées dans une communauté de travaux, dans une mutuelle estime.

C'est quelquefois la vanité des hommes de cinquante-cinq à soixante ans de se rajeunir par des jeux, même par des espiègleries. Cela est si vrai que M. Galis lui-même, le grave, le sévère M. Galis, ne dédaignait pas d'attacher des brins de papier à l'habit d'un collègue encore plus grave que lui, au plus fort de la plus grave harangue. M. Galis lui-même ne nierait pas qu'il a vidé plus d'une fois la sablière du conseil municipal dans la poche d'un tel de ses collègues... Je n'en veux pas dire plus. Mais je vais plus loin. Prenez l'assemblée la plus sérieuse ; par exemple la Chambre des Députés : on sait à Mézières, mieux que partout ailleurs, ce qui peut s'y faire sans que les murailles s'écroulent et sans que les affaires du pays en aillent plus mal. Un procès en diffamation, plaidé naguère dans le pays, a révélé l'aventure que voici :

Pendant que la tribune était occupée par un excellent discours, mais qui n'en finissait pas, tout le monde faisait son courrier dans la salle : M. Cunin-Gridaine, alors secrétaire de la Chambre, imagina d'écrire sur un papier : « *Bon pour cent mille francs que le Trésor public paiera à M. le général Jacqueminot,* » et il signa fièrement ; puis il expédia le papier de main en main au bénéficiaire. Le général le lut ; il s'en dérida un moment, et après avoir remercié du regard l'auteur de cette générosité, il laissa traîner ce papier, qui devint ce qu'il put. Ce qu'il y a de certain, c'est que le papier a été ramassé par je ne sais qui, et qu'il est devenu la matière d'un libelle ! Vous voyez que, de nos jours, nous faisons mieux que Laubardemont. Au moins, il lui fallait quatre lignes pour faire pendre un homme.

Rendons justice à M. Galis, il a pris lui-même la chose en homme de sens et de goût. Voici ce qu'il dit à la Cour d'assises :

« Je fis un rapport en termes très-vifs, ce qui a fait dire à l'un de nos collègues, qui n'en rend pas moins justice à mes bonnes intentions et qui, je suis sûr, ne m'en estime pas moins, que j'avais hurlé. »

Oui, certes, M. Lavocat n'en estime et n'en aime pas moins M. Galis ! Oui, certes, il n'en reconnaît pas moins que M. Galis était dans son droit, et que les malheurs qui émeuvent le plus la charité ne doivent cependant pas être secourus avec des deniers clandestins et d'une façon déguisée. Seulement, M. Lavocat a trouvé M. Galis un peu grondeur, et peut-être aussi un peu enroué.

Dans les meilleures causes, c'est un défaut de parler trop haut. Lorsque Gracchus haranguait les Romains, il avait derrière lui un esclave qui lui donnait le ton sur une petite flûte d'ivoire : *Cum eburneola fistula*. Cicéron regrettait la flûte de Gracchus, il disait que de son temps la plupart des orateurs hurlaient au lieu de parler : *Latrant plerique oratores, non loquuntur*. Voilà la boutade de M. Lavocat expliquée.

Cependant le malheur veut que cette boutade ait un retentissement fort inattendu. Trois mois après Hourdequin est arrêté pour malversations, et l'instruction trouve dans ses papiers celui qui porte le malencontreux *Galis hurle*. Rien ne sied plus mal, j'en conviens, rien n'a l'air gauche, rien ne grimace comme un trait de gaîté ôté de son cadre. C'est ce qui est arrivé à celui de M. Lavocat.

Sa plaisanterie lui avait échappé dans l'intimité, et tout-à-coup elle se produit à la Cour d'assises ! Combien de circonstances la chargent ! M. le Président ignore comment le mot est parti, il soupçonne à bon droit dans Hourdequin un coupable, il croit surtout que l'accusé n'a pas les mains nettes dans la comptabilité des carrières, il blâme le propos, il le trouve inconvenant et indiscret... et voilà M. de Boullenois heureux, il a la matière de son libelle.

Mais attendez ! attendez ! Les journaux du lendemain apprennent à M. Lavocat ce qui s'est passé à la Cour d'assises ; il écrit immédiatement à M. le Président, il se déclare l'auteur de l'écrit, et il demande à être entendu.

Là-dessus, qu'arrive-t-il ? M. Galis, M. Moreau, M. Perrier, tous membres du conseil municipal, sont entendus dans le débat sur l'affaire des carrières ; M. le Président les pousse à fond sur tous les détails, et ils disculpent complètement Hourdequin, comme il l'avait été au conseil municipal dans la séance du mois de novembre. Mais il devient clair pour tout le monde que M. Lavocat n'avait aucun intérêt à communiquer clandestinement avec Hourdequin, puisque l'examen approfondi de la comptabilité des carrières n'avait produit aucune charge contre Hourdequin, ni à l'Hôtel-de-Ville, ni à la Cour d'assises. Alors la plaisanterie de M. Lavocat finit par être comprise, et elle y gagne, et on la trouve meilleure, et l'incident ne laisse aux assises autre chose qu'un éclair de gaîté et quelques sourires.

La preuve qu'il n'en est resté nulle tache sur M. Lavocat, faut-il vous la donner sans réplique? D'abord *le Siècle*, qui est la grande autorité de M. de Boullenois dans cette affaire, a fait immédiatement réparation à M. Lavocat. Il avait imprimé, le 10 novembre 1842 :

« Si les habitants de Paris ne veulent pas être ruinés par une administration qui devrait se regarder comme la gardienne des justes droits de tous et de chacun, il leur faut prendre un sténographe dans le sein du conseil municipal, qui les instruise du résultat des délibérations secrètes. »

Le Siècle publia le lendemain un article, où je lis ce qui suit :

« Nous devons, pour continuer le rôle d'impartialité que nous nous sommes tracé, mentionner une démarche honorable qui a été faite aujourd'hui dans nos bureaux. M. Lavocat, conseiller municipal, est venu nous déclarer qu'il était l'auteur du billet auquel on a pu rattacher les inductions dont nous parlions tout-à-l'heure. Nous devons dire que les explications dans lesquelles il est entré sont de nature à mettre sa bonne foi et sa loyauté à l'abri de tout soupçon. »

Les faits étaient, d'ailleurs, si bien éclaircis, que M. le président des assises ne voulut même pas appeler M. Lavocat dans le débat, comme il n'eût pas manqué de le faire, comme c'eût été stricte et impérieuse justice, pour peu que la moindre charge eût pu peser sur lui dans cette affaire.

M. Galis conserva des faits si peu de rancune, qu'ayant à se faire remplacer, quelque temps après, pour cause de maladie, dans la présidence du conseil de révision, ce fut à M. Lavocat qu'il s'adressa, et il lui écrivit à cette occasion le billet le plus affectueux et le plus aimable. La circonstance était assurément sans gravité ; cela n'empêche pas qu'on ne traite point, sans nécessité, de cher camarade, un homme qu'on regarde comme taré.

En vérité, ce n'est pas sans un serrement de cœur que j'en viens à justifier M. Lavocat d'une prévarication, mais il le faut; j'espère, d'ailleurs, que tout ceci retombera sur M. de Boullenois, car c'est un grand tort que d'obliger un galant homme à se disculper d'une bassesse. Aussi, tout le monde (et ceux-là surtout qui ont éprouvé M. Lavocat par une longue expérience dans de grandes affaires) a voulu lui apporter son contingent, et lui servir de parrain devant la justice. Dans le nombre, car il faut choisir, permettez-moi de citer d'abord le témoignage de l'honorable président du conseil général de la Seine.

« Mon cher collègue,

« J'ai lu les deux imprimés que vous m'avez communiqués, et puisque vous tenez à savoir quelle a été mon impression en les lisant, je vous dirai que j'ai vu, dans la manière dont ont été rapportées certaines circonstances des affaires Fieschi et Hourdequin, une grande malveillance, un désir évident de faire échouer votre élection, n'importe comment ; à la vérité, vous devez vous trouver trop au-dessus de telles insinuations, pour vous en affecter sérieusement.....

« Je n'ai pas besoin de vous dire que tous ces imprimés, publiés à l'occasion de votre élection, ne sauraient changer en rien les sentiments d'estime et d'amitié que nous vous portons, et, en mon particulier, je vous prie, mon cher collègue, d'agréer les nouvelles assurances de mon bien sincère attachement.

« *Signé* BESSON,

« Pair de France, président du conseil général de la Seine.

« Paris, le 28 décembre 1846. »

A cette lettre, il faut en ajouter tout de suite une autre, qui porte un nom significatif, et que M. de Boullenois ne récusera pas.

« Monsieur,

« Je viens d'avoir connaissance des écrits auxquels vous faites allusion dans votre lettre adressée aux électeurs de Vouziers, le 2 août dernier.

« D'après le nom que je déplore de voir au bas de pareils pamphlets, vous comprendrez le besoin que j'éprouve de venir protester hautement près de vous. Veuillez être persuadé, monsieur, que vos amis de Paris ne sont pas moins indignés que ceux des Ardennes. De semblables calomnies, encore plus absurdes que méchantes, ne peuvent, du reste, vous atteindre. J'ajouterai que celui qui vous a ainsi attaqué ne peut trouver d'excuse que dans une inqualifiable aberration d'esprit, dont l'opinion et le bon sens public suffiraient seuls pour faire justice.

« Veuillez agréer, monsieur, l'assurance de ma considération distinguée et de mon sincère dévouement,

« *Signé* FRÉDÉRIC DE BOULLENOIS. »

Vous voyez que M. Ernest de Boullenois aurait pu trouver tout près de lui, dans sa propre famille, des préservatifs contre la triste maladie des libelles.

Maintenant que toute cette affaire Hourdequin vous est connue, voyons comment M. de Boullenois est parvenu à l'envenimer.

Ici Me Duval entre dans la discussion de l'écrit publié par M. de Boullenois, et en relève plusieurs passages relatifs à l'affaire Hourdequin.

Il continue ensuite en ces termes :

S'il faut en croire M. de Boullenois, le jour où M. Lavocat raillait si agréablement M. Galis en l'immolant à M. Hourdequin, déjà celui-ci était connu et signalé comme un concussionnaire.

Voici comment M. de Boullenois exprime sa pensée, p. 13. Il se moque de la justification de M. Lavocat, encore qu'elle ait paru bonne et honorable, même au *Siècle.* « C'était, dit-il, une étourderie de la part de M. Lavocat, vis-à-vis d'un employé dont les malversations étaient si publiques, qu'elles l'ont conduit sur les bancs de la Cour d'assises. »

C'est là une noirceur indigne de le part de M. de Boullenois.

Ce ne fut pas la notoriété, la clameur, une explosion bruyante de griefs qui perdirent Hourdequin, ce fut un hasard. Un vol fut commis dans un jeu de paume ; il se trouva que le voleur avait été employé dans les bureaux de la Ville ; ceux-ci donnèrent des notes détestables sur son compte, et il s'en vengea en dévoilant ce qui se passait dans les bureaux de la voirie.

Même après cette révélation, Hourdequin resta pur, et il y en a une curieuse preuve. La justice et l'administration nommèrent de concert une commission pour porter la lumière dans les faits, et Hourdequin en fit partie ! Je lis dans le compte-rendu des débats du 9 novembre 1842, ces paroles de M. le Président de la Cour d'assises :

« Hourdequin avait été désigné par M. le Préfet pour faire partie de la commission d'enquête. Je dois dire que la réputation de l'accusé était alors intacte. »

Le premier acte de poursuite qui ait signalé Hourdequin comme suspect, fut un coup de foudre ; il fut arrêté dans son domicile, à sept heures du matin, le 31 janvier 1842. Pour le monde, pour le Préfet, pour le conseil municipal, la stupeur fut profonde ; et quand on voit des hommes comme M. Evrard et M. Moreau, après une immense instruction qui avait amoncelé contre Hourdequin tous les indices, tenir bon en sa faveur jusqu'au verdict du jury, on s'explique comment M. Lavocat était en pleine sécurité sur son compte, en novembre 1841, quand il ne planait encore aucun nuage sur le chef du bureau de la voirie.

Reste sur ce point la dernière accusation de M. de Boullenois. M. Lavocat, dit-il, a violé le secret du conseil municipal ; il a communiqué à Hourdequin ce qui s'y passait ; et il y a là un cas pendable !

Mais d'abord est-il bien sûr que M. Lavocat ait en effet communiqué ce jour-là avec Hourdequin ? Tous les journaux, y compris les feuilles judiciaires, disent que le propos si fort incriminé par M. de Boullenois, se trouva écrit au dos d'un rapport au conseil municipal.

Un seul journal, le *Siècle*, dit que c'était une note au crayon que M. Lavocat fit passer à Hourdequin pendant la séance. Je crois les journaux judiciaires mieux informés que le *Siècle*, qui d'ailleurs s'est rétracté le lendemain. J'ai même la preuve que ce fut sur un rapport au conseil municipal que la chose fut écrite, car je produis une lettre de M. l'avocat-général Glandaz, qui occupa le fauteuil du ministère public dans le procès Hourdequin. Puisque le propos fut écrit au dos d'un rapport, qui est une pièce officielle destinée à séjourner éternellement au dossier, il est difficile de prétendre qu'il s'agissait là d'une connivence furtive avec Hourdequin.

Entendons-nous, d'ailleurs, avec l'austérité de M. de Boullenois. Que les délibérations du conseil municipal soient secrètes, en ce sens qu'on n'y délibère pas sous les yeux des tribunes, comme à la Chambre des Députés, cela est certain ; qu'elles soient secrètes toutes les fois que le secret est bon à quelque chose, rien de mieux : mais que le secret soit toujours et dans tous les cas absolu, qu'on ne puisse jamais communiquer du conseil municipal au dehors, sans violer un devoir de conscience, c'est ce que je nie. Par exemple, il arrive tous les jours aux membres du conseil municipal de correspondre avec les bureaux de la Ville par des notes, par des billets, par des messages. Il en est de même avec les tiers, quand le secret n'est d'aucun intérêt pour personne.

Lorsque le conseil distribue les bourses dont il dispose pour l'éducation gratuite, il y a des parents, des amis, des mères, qui sont là aux abords et aux écoutes. Eh bien ! il y a tel membre du conseil municipal qui n'a pas le cœur assez cuirassé pour prolonger cette anxiété de l'attente, et qui se permet de porter la joie au dehors, en annonçant par un billet la bonne nouvelle. Aussi, voyez le témoignage que M. Ganneron rend à M. Lavocat. Vous savez que M. Ganneron est vice-président du conseil municipal, et j'imagine que M. de Boullenois voudra bien reconnaître avec nous, combien M. Ganneron est un homme grave, et une grande autorité en toutes choses.

    « Mon cher ami,

« J'ai lu avec attention les deux écrits que vous m'avez adressés.

Tout cela ne me paraît que malveillance et calomnie. Il y a sans doute des cas où le secret des délibérations du conseil municipal est un devoir pour tout le monde, et vous avez toujours accompli ce devoir autant que tout autre ; mais il arrive souvent à chacun de nous de communiquer, de l'intérieur du conseil municiqal, soit avec les bureaux de la Ville, soit avec des tiers, dans des circonstances où le secret n'est d'aucune utilité pour personne. L'affaire des carrières était dans ce dernier cas, et il faut être bien mal éclairé sur les faits, pour avoir supposé qu'il pût y avoir un concert frauduleux entre M. Hourdequin et vous.

. . . .

« Tout à vous,
« Signé H. GANNERON.
« Paris, le 29 décembre 1846. »

Voilà ce que M. de Boullenois a su tirer de l'affaire Hourdequin dans son premier libelle. A la lecture de ces accusations haineuses, l'indignation de M. Lavocat fut grande; mais que faire ? La brochure était partie de Paris le 27 juillet, elle était arrivée à Vouziers, au plus tôt, le 28, elle avait été distribuée le 29 ; il n'y avait donc plus que deux jours entre le libelle et les élections. Ces deux jours n'étaient rien, la justification de M. Lavocat était à Paris, au greffe de la Cour royale de Paris, au Parquet, à l'Hôtel-de-Ville de Paris, à cent lieues de son impatience et de sa portée.

Dans cette perplexité, M. Lavocat prit le témoignage de M. Mortimer Ternaux, membre du conseil général de la Seine, qui était alors à Réthel, où sa candidature à la Chambre des Députés l'avait appelé.

M. Mortimer Ternaux lut le libelle , et il écrivit immédiatement à M. Lavocat une lettre, où celui-ci explique les faits comme je viens de le faire.

Il paraît que cette lettre mordit au vif M. de Boullenois. A l'instant même il improvisa un autre libelle.

Après quelques autres développements, Mᵉ Duval raconte la catastrophe sanglante du 28 juillet 1835, le crime de Fieschi, et les difficultés qu'éprouva d'abord la justice pour rencontrer les coupables.

Alors il arriva une chose qui se voit presque toujours dans ces grandes émotions de la France. De tous côtés, tout le monde, les plus obscurs citoyens comme les préfets, tout le monde révéla au Gouvernement des soupçons, des indices, des faits qui semblaient désigner comme complices de Girard des hommes compromis par des apparences trompeuses.

M. le chancelier fit plus tard allusion à ces bruits, à ces révélations, à

ces rumeurs qui pouvaient égarer la justice et tomber sur des innocents ;
il dit dans les débats du procès :

« Lorsque la justice informe sur un pareil attentat, il importe d'empêcher que les soupçons ne planent sur des innocents. En pareille circonstance, les soupçons se propagent aisément. »

Un incident extraordinaire avait agrandi la défiance. Peu de jours auparavant, la plupart des agitateurs que le gouvernement avait si souvent rencontrés les armes à la main dans la rue, s'étaient évadés de prison en creusant une sape sous terre, et ils infestaient de nouveau les sociétés secrètes. D'autres indices pouvaient porter les conjectures du côté contraire. Par une fraude singulière, Fieschi avait laissé, comme au hasard, dans sa chambre, un portrait d'Henri V.

La soirée et la nuit du 28 juillet, la journée du 29, celles du 30, du 31, du 1er août, se passèrent dans ces angoisses ; la justice allait peut-être céder aux rapports qui lui parvenaient, et faire des malheurs en mettant la main sur des têtes innocentes ; déjà même Armand Carrel était arrêté... quand M. Dufresne, inspecteur-général des prisons, reconnut dans le prétendu Girard la personne de Fieschi. On sut tout de suite que Fieschi professait un attachement passionné pour M. Lavocat, alors lieutenant-colonel de la 12e légion, qui l'avait aidé et secouru dans sa misère. On espéra que ce naturel féroce s'amollirait au contact d'un homme de cœur, et la justice pria M. Lavocat de lui venir en aide.

Ici quelques explications sont nécessaires. Plusieurs années avant l'attentat, Fieschi avait été présenté à M. Lavocat par M. de Caunes, comme un condamné politique de la Restauration. M. de Caunes est un homme sérieux ; il avait été professeur de mathématiques de M. Lavocat ; il était alors ingénieur des eaux de Paris. Il n'y avait donc pas de raison pour douter que son protégé ne fût ce qu'il disait être. Il est d'ailleurs certain que Fieschi avait fait la campagne de Russie dans la grande-armée ; qu'il avait suivi le roi Murat dans sa périlleuse descente en Calabre, et qu'il avait été condamné à mort. Il n'en fallait pas tant pour toucher M. Lavocat.

M. Lavocat, sorti de Saint-Cyr en 1813, avait fait ses débuts dans la rude campagne de 1814. Il aimait l'Empire en sous-lieutenant ; il accueillit donc avec bonté un soldat de Moscou ; mieux que cela encore.... le dernier de Murat. Fieschi lui emprunta de l'argent, M. Lavocat lui en donna ; Fieschi lui servit d'éclaireur dans les sanglantes émeutes où M. Lavocat conduisit la légion qu'il avait l'honneur de commander ; et, comme Fieschi déploya toujours du sang-froid et du cœur, M. Lavocat lui témoigna de l'attachement.

Ainsi relevé par une cordialité qui remuait ce qu'il y avait de bon en lui, Fieschi avait voué à M. Lavocat ce qu'il appelait dévouement de Corse. Il en a dit la raison à la Cour des Pairs; il a dit, en parlant de M. Lavocat : « Cet homme a toujours la main ouverte pour rendre service; » et, un peu plus tard : « Quand il faut dégaîner pour venir en aide à quelqu'un, c'est un homme qui tire l'épée et qui en jette le fourreau au diable. »

Néanmoins, Fieschi ayant demandé un jour à M. Lavocat de l'affilier à la police politique, où il se disait sûr de rendre de grands services, il en fut péremptoirement refusé. Le *Moniteur* atteste que M. Lavocat le lui a dit en face, à la Cour des Pairs, et n'en a pas été démenti. Il y a plus, M. Lavocat finit par savoir que Fieschi avait été condamné pour vol par la Cour d'assises; et, dès ce moment, il rompit avec lui, en lui disant *d'aller se faire pendre ailleurs.* Je lis encore dans le *Moniteur,* que M. Lavocat fit subir à l'orgueil de Fieschi le récit de cette rupture humiliante, et qu'il en convint.

Les choses en étaient là, quand, le 3 août 1835, Fieschi reçut auprès de son lit, à la conciergerie, le ministre de l'intérieur, le procureur-général du roi près la Cour des Pairs, le président de la Cour et le grand référendaire; puis, en présence de tous ces personnages et de M. Lavocat, cet homme étrange se souleva sur son lit, et, dominant un moment ses souffrances aiguës : « Vous êtes, dit-il, les puissants de la terre; mais, à vous, je ne dirai rien. M. Lavocat est venu me voir, je me suis mis à pleurer; je suis reconnaissant de tout ce qu'il a fait pour moi, je lui dirai tout ce que je sais. »

Fallait-il se récuser? fallait-il s'abstenir? Dans la terreur profonde, universelle, qui planait sur cette catastrophe, fallait-il laisser les soupçons s'égarer sur les hommes ou sur les partis qui se disputaient la France à main armée? Fallait-il lâchement écouter ces menaces de mort qui assaillirent M. Lavocat dès que la lie des partis le vit ou le crut maître de la volonté de Fieschi? Fallait-il laisser la vie du roi à la discrétion des assassins? Et quand le secret de ces désespérés semblait enfin monter à la surface, fallait-il le refouler dans les profondeurs muettes de ce mourant? Fallait-il lui dire : « Non, Fieschi, ne me dites rien; tant pis pour les gens de cœur de tous les partis qui exècrent l'assassinat et qui vous désavouent : le secret de cette terrible contagion du régicide mourra avec vous !... »

Non, non, le devoir.... et la vie n'a de valeur que par lui; le devoir n'était pas dans ce facile égoïsme, dans cette abnégation pusillanime.

Des hommes qui se connaissent en honneur, des magistrats, des généraux, des savants, qui sont l'orgueil de la France, ont été de cet avis.

Voici ce que M. le président de la Cour des Pairs a dit à M. Lavocat pendant les débats du procès :

« La franchise et la loyauté avec lesquelles vous vous êtes exprimé, doivent donner à la Cour pleine confiance dans la véracité de votre déclaration; mais, comme président, il est de mon devoir de dire à la Cour que les faits rapportés par vous sont de la plus grande exactitude. Vous n'avez rien fait dans cette circonstance que je ne vous aie dicté et en quelque sorte recommandé, puisque vous étiez le seul qui, à raison de votre ancienne influence, pouviez faire parler Fieschi.......

« Je ne vous adresse pas ces paroles comme justification, mais comme un témoignage d'estime personnelle et de considération de la Cour; c'est le sentiment général que j'ai exprimé. »

Savez-vous comment M. de Boullenois se tire de ce mauvais pas? C'est, dit-il, une *politesse* que M. le président de la Cour des Pairs a faite à M. Lavocat. Vous comprenez la portée du mot. La politesse est une belle chose, mais très-calomniée ; elle passe généralement pour l'art de dire autre chose que ce qu'on pense, quelquefois même le contraire de ce qu'on pense.

. . . .

Après quelques autres faits, Me Duval termine ainsi :

J'ai tout dit sur les écrits incriminés.

Un mot maintenant sur les raisons qu'on invoque pour leur excuse.

La grande atténuation dont on couvre ces calomnies, c'est qu'elles ont été publiées dans l'atmosphère des élections et dans l'effervescence des partis. . . . .

Oh ! je le sais, l'esprit de parti n'est pas scrupuleux; mais que M. Lavocat s'en est fait un plus noble à son usage, et qu'il a compris de plus haut ce qu'on se doit de générosité entre ennemis! Vous savez ce que l'agitation de la Vendée avait excité d'irritations en 1831 : les journaux républicains imprimaient alors qu'il fallait traquer les insurgés à coups de baïonnettes dans les buissons, comme des bêtes fauves.

Au plus fort de cette sombre haine des guerres civiles, on vient dire à M. Lavocat qu'un Vendéen est cerné de façon à ne pouvoir s'évader, qu'il va être pris si on ne lui trouve un passeport et un asile. A cette époque de défiance, il fallait être du parti des vainqueurs pour obtenir un passeport, sans inquisition et sans éveiller les recherches; mais aussi, si l'auteur de cette fraude pieuse était découvert, il s'exposait à perdre la confiance des siens; et M. Lavocat y risquait, vous le savez, une position enviée. N'importe, M. Lavocat se dévoue, il prend un passeport pour une personne de sa maison, il le fait passer au proscrit et il le sauve.

Malheureusement, après avoir protégé le fugitif, le passeport resta en Vendée, il y fut saisi, et M. Lavocat se trouva en butte à tous les soupçons. Qu'était-ce donc que cette intelligence secrète entre un colonel de la garde nationale de Paris et un des chefs de la Vendée? Il y avait là de quoi susciter des doutes terribles. M. Lavocat subit cet orage sans se plaindre; traduit en justice, voici comment il se justifia :

« J'ai sollicité un passeport pour un homme qui appartient à un parti que j'ai toujours combattu. Proscrit moi-même pendant de longues années, frappé sous la Restauration de deux condamnations capitales, j'ai pensé que je pouvais protéger un ennemi vaincu, sans laisser à personne le droit de suspecter les motifs de ma conduite. »

M. Lavocat n'en fut pas moins condamné, et il ne pouvait pas ne point l'être; mais l'organe du ministère public reconnut qu'il avait acquitté une dette d'honneur, et c'est là une quittance qui console.

C'est ainsi que M. Lavocat a toujours compris l'esprit de parti, et il en a été récompensé par les plus saintes émotions qui aient jamais fait battre le cœur d'un homme.

En voici encore un exemple. M. Lavocat a été condamné à mort sur le réquisitoire de M. le comte de Peyronnet. En 1830, M. Lavocat retrouva son accusateur écroué au Luxembourg; et un jeu inouï des vicissitudes humaines remit en ses mains le soin de défendre la vie des accusés contre une population ivre de vengeance. M. Lavocat peut le dire sans orgueil, ce furent là de tristes et terribles journées.

Des flots d'assaillants grondant au pied de la prison, une marée de têtes humaines montant toujours, gagnant toujours du terrain, menaçant à tous moments d'emporter les accusateurs, les accusés et les juges!

Comment M. Lavocat passait-il alors ses jours et ses nuits? Il faisait son devoir, il se mettait en travers partout où ce peuple égaré s'ouvrait un passage. Aussi quand le péril fut passé, M. de Peyronnet, qui avait été à la hauteur de son adversité par son courage, chercha l'occasion de revoir celui qui avait ainsi honoré son épée; et le chancelier du roi Charles X se jeta dans les bras de M. Lavocat.

Applaudissons, messieurs, à ces scènes qui nous relèvent. Gardons nos principes, mais honorons nos adversaires. La générosité pour les personnes n'est pas l'indifférence pour les idées, et il n'y a que les lâches qui assassinent leurs ennemis.

M. le Président.—La parole est au défenseur de M. de Boullenois.

Plaidoirie de Me Favre.

Me Jules Favre. — MM. de la Cour et MM. les jurés, si pour défendre M. de Boullenois j'avais le malheur de me lever devant des hommes capables de subir l'égarement des passions, et de substituer aux idées de la justice les entraînements de l'esprit de parti, je pourrais concevoir de sérieuses inquiétudes. Que signifient, en effet, messieurs, l'éclat extraordinaire de cette solennité, l'indignation, les colères qui viennent, dans la bouche de mon adversaire, de revêtir une forme si brillante, mais si acerbe, si injurieuse et si impitoyable? Pourquoi ces efforts désespérés devant vous? Pourquoi ces sollicitations ardentes, qui depuis plusieurs semaines troublent la tranquillité du département? Pourquoi le chef du Parquet nous honore-t-il aujourd'hui de sa présence, et vient-il ajouter à cette audience l'éclat de son rang et de son talent? Est-ce qu'il s'agit d'un de ces évènements qui tiennent les destinées du pays en suspens, ou bien d'un de ces forfaits épouvantables qui jettent au sein des populations une terreur telle, que leur révélation judiciaire éveille profondément la curiosité publique, par l'espérance des plus émouvantes péripéties?

Non, en aucune manière. Dans une lutte électorale, là où un candidat était appelé à s'expliquer, à subir les interpellations des électeurs, il est arrivé qu'un homme, que beaucoup d'entre vous connaissent, qui, malgré toutes les injures de l'adversaire, n'en restera pas moins honorable et pur, ne sacrifiant ses idées anciennes à aucun intérêt, ne faisant pas de la politique un instrument d'exploitation, ne courant pas après les places, les faveurs, les hochets de toute nature, un homme riche, un électeur, a fait imprimer une brochure dans laquelle il a adressé des questions au candidat; et ce candidat, vous verrez tout-à-l'heure comment il a répondu à ces questions; comment cet honneur dont il se montre si jaloux, que (par l'organe de son avocat, il est vrai) il lui fait mettre la main sur la garde de son épée, et nous en laisse apercevoir la lame à demi-tirée, a sommeillé bien longtemps. Ses vives susceptibilités ne lui ont pas conseillé de saisir le pays de cette sorte de duel moral dont vous serez aujourd'hui les juges souverains; non, il s'est tu. Je dis qu'il s'est tu; il s'est contenté de faire une réponse que tout-à-l'heure nous apprécierons. L'électeur a riposté le jour du second tour de scrutin, alors que le candidat étant perdu, battait tout l'arrondissement pour trouver des dévouements assurés. N'ayant pas de réponse satisfaisante à faire aux interpellations dont il était l'objet, afin de s'assurer la victoire qui était indécise, il a jeté au milieu du champ de bataille, la menace d'une plainte.

Voilà, messieurs, comment ce débat s'est trouvé engagé. Et vraiment, si M. Lavocat, qui vient de vous faire présenter avec tant d'éloquence son panégyrique, était fort de son passé et de la notoriété qui peut entourer ses actes, je m'étonnerais qu'il eût fait autour de lui tant de fracas, alors que son langage devait être de la dernière simplicité.

Les questions d'honneur n'ont pas besoin de cet étalage et de cette mise en scène. M. Lavocat n'avait qu'à descendre dans le prétoire, à y découvrir sa poitrine, à s'exposer aux coups de tous, à négliger les formes et les commodités de la procédure, et à vous dire : Voilà ce dont je suis accusé ; jugez mon honneur et vengez-moi !

Au lieu de cela, vous avez entendu les longues dissertations au milieu desquelles on s'est engagé avec un art si habile que, pour la première fois depuis que j'ai l'honneur de remplir le ministère d'avocat au pied de la justice, j'ai entendu plaider un procès de diffamation sans qu'on mît sous les yeux l'écrit qui était incriminé.

Mon adversaire a disséqué cet écrit avec une adresse infinie. Il en a pris ce qui lui a paru le plus venimeux, pour me servir de cette expression qu'il affectionne. Mais quant à l'écrit lui-même, dans son ensemble, dans son contexte, avec ce qu'il contient de loyal et d'honnête, mon adversaire ne vous en a rien dit, et il a fait, à côté de cet écrit, une défense qui supposait à M. de Boullenois des intentions qu'il n'a jamais eues, des paroles qu'il n'a jamais prononcées, des écrits qu'il n'a jamais signés ; parce que mon adversaire savait à merveille que si vous aviez lu ces écrits vous auriez vu la loyauté la plus entière éclater d'un bout à l'autre. Alors, préférant chercher à vous faire illusion, essayant de rattacher la plainte de M. Lavocat à des insinuations perfides, il a fait un procès à côté d'un procès, en vous dissimulant avec soin tout ce qui était favorable à M. de Boullenois. Et puis, en dehors même de ce travail si habile, M. Lavocat ne ménage aucune espèce de ressource : vous le voyez payant de sa personne à l'audience, s'envelopper dans la haute dignité dont il est revêtu, afin de bien faire comprendre que, dans une position si élevée, il doit être invulnérable, et que, si son honneur est attaqué, c'est un devoir pour vous de le venger.

M. Lavocat appartient, j'ai le droit de le dire, à cette famille de personnages politiques qui sont glorieux de leurs succès, et qui savent en tirer un très-habile parti ; qui, dans leur carrière, se sont élevés successivement aux emplois les plus désirés, et qui, cependant, ont quelquefois aussi, vis-à-vis de l'élection populaire, rencontré des échecs inattendus.

M. Lavocat s'est fait auprès des jurés un mérite de toutes ces circonstances, de ses victoires, même de ses défaites; son dévouement à tous les ministères est de notoriété publique, et M. Lavocat, dans le délire de sa vanité, va, dans les écrits qui passeront tout-à-l'heure sous vos yeux, usqu'à dire que sa cause est celle du pays tout entier ; qu'elle est liée à la monarchie; que le chef de l'État a les yeux ouverts sur votre délibération. Vous croyez que je rêve ; tout-à-l'heure je justifierai ces paroles ; et c'est ainsi qu'on cherche à vous arracher un verdict qui serait impossible si la cause était réduite à sa simplicité, si vous en connaissiez les premiers éléments, si vous saviez ce que je vais vous apprendre, que M. de Boullenois n'a jamais entendu, comme l'a dit mon adversaire, percer le cœur de M. Lavocat, mais qu'il a voulu obtenir de lui, à ce moment solennel où un candidat doit et peut être interrogé, des explications catégoriques sur des faits qui avaient rempli le monde politique, dont la presse s'était occupée, et qui étaient d'une vulgarité telle, qu'il a fallu toutes les préoccupations de mon adversaire pour croire que M. de Boullenois s'en était emparé le premier; mais, aller jusqu'à dire que M. de Boullenois se soit posé comme l'adversaire impitoyable et systématique de M. Lavocat, et que, pour me servir de ce langage pittoresque, mais si exagéré, qui appartient à mon adversaire, il ait voulu l'égorger, l'assassiner, car je ne sais de quelle sanglante métaphore mon adversaire s'est servi pour fausser sa pensée, c'est abuser de l'hyperbole. M. de Boullenois n'a voulu qu'une chose, obtenir de M. Lavocat des explications satisfaisantes et catégoriques sur des faits qui étaient dans le domaine public, et desquels chacun s'entretenait.

. Du reste, Messieurs les jurés, si je n'étais rassuré par votre caractère, par l'impossibilité ou je sais que M. Lavocat se trouve d'égarer vos consciences, certes, la position de celui que je défends devant vous, son passé, ses habitudes seraient pour moi une suffisante garantie. Quelle que soit la valeur des épigrammes de mon adversaire, qui sont tellement fines que quelquefois elles passent à côté du but sans qu'on sache où elles vont, M. de Boullenois restera ce qu'il est, un homme honorable et pur, vivant des affections de famille, de distractions scientifiques, et n'ayant jamais ployé le genou devant aucun pouvoir dans un but d'intérêt personnel.

M. de Boullenois ne connaît pas M. Lavocat, il ne l'a jamais heurté dans cette carrière de compétitions ambitieuses que M. Lavocat a parcourue avec tant de succès personnels depuis quinze années.

M. de Boullenois vit heureux de son indépendance, de l'obscurité dont je le félicite d'être fier par le temps où nous vivons; seulement il lui est arrivé au jour de l'élection de se ressouvenir qu'il était citoyen;

il savait que M. Lavocat se présentait à Vouziers, concurremment avec l'honorable **M.** Ladoucette; il a voulu obtenir de lui des explications sur les faits vers lesquels déjà j'ai appelé votre attention, et c'est alors qu'il a publié l'écrit qui doit vous être connu pour que vous puissiez le juger. Était-ce de la part de **M.** de Boullenois l'exercice d'un droit exclusif? Non; mon adversaire a été forcé de le reconnaître, et en terminant sa très-habile plaidoirie, il s'est placé sous l'égide des souvenirs de la Constituante; il a dit que pour lui la liberté était une divinité, et qu'à l'heure qu'il est, en demandant des condamnations contre celui qui avait cru à son règne, il lui avait rendu un public hommage.

Vous voulez de la liberté pour vous et les vôtres, mais quand la contradiction vous gêne, quand vous êtes arrivé au grand jour de l'élection, et que la parole expire sur vos lèvres, parce qu'il n'y a personne qui puisse vous justifier, vous entendez la liberté en ce sens que celui qui en a usé doit être traduit devant la Cour d'assises et condamné comme diffamateur.

Vous voyez bien que si vous énoncez des principes libéraux, vous les appliquez fort mal, et que cette liberté dont vous parliez tout-à-l'heure, loin d'exiger cet holocauste et ces menaces, doit admettre de la manière la plus complète la discussion entre l'électeur et le candidat.

Nous ne sommes pas encore arrivés, quoi qu'on fasse, à cet état d'abâtardissement où la suprématie d'argent domine tout : il y en a qui voudraient nous conduire à une pareille situation; mais tant qu'elle ne sera pas officielle, les hommes honnêtes et courageux auront le droit de lever la tête, et de revendiquer le légitime exercice du droit qui appartient à tous.

Eh bien! qu'a fait M. de Boullenois? M. Lavocat se présentait pour être nommé député; il n'a rien affirmé, il lui a dit : Voici telles ou telles circonstances de votre vie publique; elles ont fait beaucoup de bruit; on s'en est occupé pendant plusieurs années. Ce que je vous demande avant de savoir si je puis, comme électeur, vous envoyer à la Chambre, c'est que vous veuilliez bien faire connaître quelle a été votre participation à ces différents actes, et quelles ont été les raisons qui vous ont déterminé à adopter telle ou telle ligne de conduite. Voilà quel a été le droit exercé par M. de Boullenois.

On ne saurait rien trouver de plus respectable; et quant à la manière dont ce droit a été exercé, est-ce qu'il y a eu de la part de M. de Boullenois une témérité répréhensible? Est-ce que la réputation de M. Lavocat était à ce point immaculée, qu'il fût impossible de prononcer un mot contenant un soupçon quelconque contre lui, sans être traité d'audacieux calomniateur ? M. de Boullenois n'a fait autre chose que répéter sous une forme dubitative ce qui, avant lui, avait été écrit partout, imprimé dans tous les journaux sous la forme la plus affirmative du monde. Je pourrais multiplier à satiété les exemples, et vous faire voir que M. de Boullenois, qui n'est traduit que pour avoir critiqué la conduite de M. Lavocat relativement à l'affaire Fieschi et à l'affaire Hourdequin, avait puisé ses renseignements dans les journaux qui ont été imprimés bien avant sa brochure, et que jamais M. Lavocat n'a songé à attaquer. Voulez-vous que je mette sous vos yeux un passage du *Courrier français*, du 23 juillet 1846 ? (La brochure de M. de Boullenois est du 27.) « M. Lavocat avait à peine vingt ans, lorsqu'en 1814 la trahison livra Paris aux armes de la coalition. Il servait à cette époque dans la jeune garde, et en était à son début dans la carrière militaire. Le licenciement le jeta parmi les mécontents. Deux fois, sous la Restauration, il fut condamné à mort par contumace : d'abord, par la Cour des Pairs, pour avoir pris part à la conspiration militaire du 19 août 1820 ; puis, en 1824, par la Cour d'assises de la Seine, pour avoir pris part à un autre complot contre la sûreté de l'État.

« M. Lavocat, qui s'était expatrié, sollicita sa grâce ; elle lui fut accordée sur le rapport de M. de Peyronnet. En 1830, on ne le vit point au nombre des combattants, mais il se montra parmi les triomphateurs, ce qui lui valut d'être nommé membre de la commission des récompenses ; il fut un des mille aides-de-camp volontaires de Lafayette, qui le fit lieutenant-colonel de la douzième légion de la garde nationale de Paris. M. Lavocat se donna alors beaucoup de mouvement sans aucun but d'utilité publique. Son penchant le portait vers les honneurs et les emplois ; M. Lavocat les rechercha avec une incroyable ardeur, et, pour y arriver, il se hâta d'abjurer les principes que jusqu'alors il avait professés, et de se faire le partisan et l'instrument aveugle du nouveau pouvoir. »

Je pourrais m'arrêter là, et demander à M. Lavocat, qui a montré devant vous un honneur si jaloux, qui vient vous dire que, vétéran de la grande armée, il ne peut un instant supporter l'injure, et que si vous ne mettez un terme au débordement de personnalités dont il est l'objet, l'impatience qu'il en éprouve pourrait amener un résultat sanglant, pourquoi lui, qui s'est montré si vif, si impétueux vis-à-vis de M. de Boullenois, et lui a fait un procès devant la Cour d'assises, pourquoi il a respecté l'écrivain qui a tracé les lignes que je viens de lire, lignes qui, à coup sûr, sont bien autrement accusatrices et diffamatoires, si la diffamation était possible en pareil cas, que l'écrit de M. de Boullenois ! Car enfin, que dit-on ? Que M. Lavocat a renié ses anciens principes dans un but de lucre

personnel, que son penchant le portait vers les honneurs, qu'il les a recher-
chés avec une incroyable ardeur, et qu'il s'est hâté, pour y arriver, d'abjurer les principes que jusqu'alors il avait professés; et pour se justifier
de pareilles accusations, est-ce que M. de Boullenois, qui les avait répé-
tées, aurait besoin de remplir notre prétoire de témoins ? Du tout.

Depuis quinze ans, qu'a fait M. Lavocat, autre chose que de fatiguer
tous les pouvoirs, et jusqu'au pouvoir souverain du peuple, de ses sollicitations ? N'a-t-il pas fait dans la Légion-d'Honneur de ces pas rapides qui
ne s'expliquent que par les faveurs des courtisans ? Et, comblé autant qu'il
est possible, ne l'a-t-on pas vu aller encore chercher de nouveaux emplois
et de nouvelles places ? Et quand on rapproche cette conduite actuelle
de M. Lavocat avec son passé, est-ce qu'on n'est pas étonné de trouver
l'ancien conspirateur dans cette carrière où, à coup sûr, on ne s'attendait
pas à le rencontrer ?

Cependant M. de Boullenois n'a rien dit de semblable; mais le journaliste ajoute :

« Ce zèle trop visiblement intéressé de M. Lavocat le mit dans une
malheureuse évidence. Il lui valut successivement la croix de chevalier,
d'officier et de commandeur de la Légion-d'Honneur, et la direction de
l'administration des Gobelins.

« En 1834, M. Lavocat espérant faire illusion sur son importance aux
personnes qui ne pouvaient le connaître que de loin et très-imparfaite-
ment, se mit sur les rangs pour la députation, et il fut élu à Vouziers.

« Automate parlementaire, il a toujours voté toutes les mesures liberti-
cides, toutes les dilapidations ministérielles. Lorsqu'il s'est agi de consa-
crer le concours sans condition pour le vote de la Chambre, le ministère
l'a trouvé aussi obéissant que de coutume. — Menacé aux dernières élections de ne pas voir renouveler son mandat, M. Lavocat fit usage de tous
les moyens d'influence que sa qualité de courtisan mettait à sa disposition:
captation, immoralité, intimidation, tels furent les griefs élevés contre son
élection dans une protestation signée par un grand nombre d'électeurs.
A la suite de l'affaire Fieschi, dans laquelle il joua, comme on sait, le rôle
de confesseur officieux, M. Lavocat eut à se justifier d'une telle conduite
devant les électeurs de la douzième légion, dont il était lieutenant-
colonel.

« Le résultat de cette justification fut que M. Lavocat ne put obtenir
même la dernière place sur la liste des dix candidats aux grades de colonel et lieutenant-colonel. »

Que voulez-vous de plus ? il est assurément impossible de dire, en moins
de mots, quelque chose de plus fâcheux pour la moralité d'un homme qui

se trouve dans la situation de M. Lavocat. Le voilà confesseur officieux de Fieschi ; il a eu à se justifier d'une telle conduite devant les électeurs de la douzième légion, et le résultat de cette justification fut qu'il ne put obtenir la dernière place sur la liste des dix candidats au grade de lieutenant-colonel.

Est-ce que vos électeurs de la garde nationale ne vous ont point jugé ? Ils n'ont point eu cette courtoisie de paroles qu'on retrouve dans l'allocution de M. le chancelier à la Cour des Pairs, ils vous ont tout simplement exclu du grade qu'ils ne vous ont pas trouvé digne de recevoir ; voilà ce qu'ils ont fait, après les explications que vous leur avez données sur l'affaire Fieschi ; et le journaliste ajoute :

« Il y a quatre ans à peine, un procès trop célèbre dévoila les scandales de l'administration de la ville. Inutile de rappeler comment le nom de M. Lavocat fut mêlé à cette affaire déplorable. Qui ne connaît cette particularité de la vie de M. Lavocat ? Qui ne se souvient qu'elle lui valut encore une marque éclatante de désapprobation dans le sein du collège électoral du douzième arrondissement ? A l'expiration de son mandat de membre du conseil général de la Seine, M. Lavocat ne crut pas devoir se présenter de nouveau, mais il insista vivement pour être placé sur la liste des douze candidats aux fonctions de maire et adjoints ; c'était, selon sa propre expression, une récompense à laquelle il attachait le plus grand prix. Le collège fit justice, le nom de M. Lavocat ne fut pas porté sur le bulletin. »

Après l'affaire Fieschi, M. Lavocat perd son grade dans la garde nationale, il ne peut pas faire glisser son nom sur la liste. Après l'affaire Hourdequin, sentant qu'il ne serait pas réélu membre du conseil municipal, il ne se présente pas, et, pour cela, il faut qu'il sache qu'il n'y a aucune chance pour lui.

Mais en même temps il sollicite, et avec une ardeur désespérée, qu'on veuille bien, comme un témoignage d'estime et comme une sorte de consolation, le placer sur la liste des maires, et le collège en fait justice : le nom de M. Lavocat n'est pas même porté sur la liste.

Le journal ajoute :

« M. Lavocat, qui ne manque pas d'une certaine adresse, avait pu, don Juan politique au petit pied, laisser croire également au ministère et à l'opposition que son vote leur était acquis ; mais la disposition réglementaire établissant le scrutin de division, a rendu toute ambiguïté impossible. Soit dans l'ombre, lorsqu'il avait la ressource d'un double jeu, soit lorsqu'il n'y eut plus moyen de dissimuler, M. Lavocat n'a jamais manqué de témoigner, par son vote, de sa subordination absolue, non pas au gouvernement, mais au ministère; il s'est cliché, pour ainsi dire, dans l'ina-movible majorité pritchardiste.

« Cependant, pour être justes, nous devons dire qu'une seule fois il eu le courage de voter contre la presque unanimité de la Chambre; mais il s'agissait alors de la diminution de l'impôt sur le sel, et M. Lavocat, qui est censé représenter un arrondissement essentiellement agricole, fut au nombre des dix-neuf qui s'opposèrent à toute réduction favorable au développement de l'agriculture.

« Si M. Lavocat est aujourd'hui colonel de la 12e légion, ce n'est pas par le vœu des gardes nationaux qu'il commande; M. Lavocat n'était que le septième sur la liste, et sa nomination parut tellement scandaleuse, que, dans un autre arrondissement, le 4e, un grand nombre d'électeurs, voyant que c'était un parti pris par le ministère, de ne tenir aucun compte de l'expression réelle du vœu de la majorité, ne voulut plus prendre part à un vote par bulletins de liste.

« M. Lavocat est un homme trop positif pour s'en tenir à de stériles distinctions, qui, de notre temps, ne peuvent, pour personne, remplacer une juste considération. Il a pu convoiter le hochet d'un ruban; M. Lavocat se crut bien mieux inspiré lorsqu'il se fit adjuger une très-large part sur le prêt qui, après la révolution de Juillet, fut fait au commerce par le Trésor.

« Nous demandons formellement si M. Lavocat a remboursé cette somme : nous demandons s'il en a au moins payé les intérêts. »

Eh bien ! messieurs, qu'y a-t-il dans un semblable article ? Il y a une expression de la pensée indépendante d'un journaliste, qui n'a point été attaqué par M. Lavocat. Il a connu cet article, il a connu surtout la biographie que voici, qui a été répandue à profusion, au moment des élections ; qui a été distribuée partout, et qui contient une galerie de tous les députés ; ces portraits sont extraits de différents articles du *National* ! Le journaliste s'exprime dans les mêmes termes.

« On connaît le rôle étrange qu'il a joué dans l'affaire Fieschi. Que s'est-il passé entre l'auteur de la nouvelle machine infernale et l'officieux député? C'est un mystère qui n'a pu être pénétré; seulement, on a remarqué qu'au moment de monter sur l'échafaud, cet homme, dont l'audace ne s'était pas démentie, promenait des regards inquiets sur ceux qui l'entouraient, et semblait attendre quelqu'un. Il faut croire que ce rôle de confesseur de Fieschi n'a pas convenu à la 12e légion, car aux élections suivantes, M. Lavocat fut exclu de la liste des candidats pour le grade de colonel et de lieutenant-colonel.

« On n'a pas plus oublié l'incident de l'affaire Hourdequin. Dans le procès criminel intenté à cet employé de la ville, qui fut condamné pour malversation, par arrêt de la Cour d'assises de la Seine, l'instruction découvrit, au domicile de l'accusé, une note émanée d'un membre du conseil général, et dans laquelle on avertissait M. Hourdequin, non-seulement du vote de l'assemblée, mais encore de l'opinion de chacun des votants. On allait même jusqu'à donner la physionomie de la séance, et on y trouvait, par exemple, cette phrase pittoresque : *Galis hurle sur cette question*. Le président de la Cour d'assises s'éleva avec autant d'énergie que de raison, contre une pareille indiscrétion, aussi coupable dans son principe que funeste dans ses résultats. Or, cette note était de M. Lavocat, qui avait des relations intimes avec Hourdequin. Cette révélation fit une sensation profonde dans le 12e arrondissement, que M. Lavocat représentait au conseil. Serait-ce par hasard ce motif qui détermina M. Lavocat à se retirer aux élections suivantes, à l'expiration de son mandat? Dans tous les cas, lorsque le 12e arrondissement fut appelé à former la liste de douze candidats pour les fonctions de maire et adjoints, M. Lavocat ne fut pas même porté sur ce bulletin de liste, quoi qu'il eût fait les plus vives instances dans l'assemblée préparatoire, et réclamé son inscription comme une juste récompense de ses services. »

Suivant moi, ces documents sont décisifs, et je pourrais m'arrêter là, en vous faisant observer que l'adversaire a singulièrement dénaturé la cause, quand il vous a dit que l'honneur de M. Lavocat était seul en jeu ; que si votre verdict était favorable à M. de Boullenois, M. Lavocat verrait sa carrière à jamais compromise, et que vous ne voudriez pas lui faire cette injure. J'en demande pardon à mon adversaire ; par une préoccupation pardonnable à son zèle, il n'a vu qu'un des côtés de la question, et le moins important sans doute : vous êtes appelés, s'il a été l'objet d'une diffamation, à venger l'honneur de M. Lavocat ; mais la question première qui vous est soumise, celle sans laquelle la seconde ne subsiste pas, c'est la question de savoir si M. de Boullenois est ou non coupable. Vous avez à juger un homme qui est votre égal devant Dieu, mais qui aujourd'hui vous appartient, puisque vous êtes élevés à la puissance judiciaire ; et pour que vous fassiez tomber sur sa tête un verdict de condamnation, ce n'est point assez des sollicitations de M. Lavocat, de ses prières ardentes et désespérées, faisant appel à ce qu'il y a de plus intime et de plus violent dans la nature humaine ; il faut encore que vous soyez convaincus, par des raisons fortes comme l'évidence, brillantes et nettes comme la lumière du soleil, que M. de Boullenois a voulu lâchement porter atteinte à l'honneur et à la considération de M. Lavocat ; et, avec les documents que je vous ai présentés, il est impossible que vous résolviez la question contre lui.

En effet, veuillez remarquer la situation de M. de Boullenois : des articles terribles étaient publiés contre M. Lavocat par toute la presse parisienne. M. Lavocat était accusé dans l'affaire Fieschi d'être descendu auprès du lit d'un mourant pour lui arracher des lambeaux de cette vérité suspecte qui ne sortait (mon adversaire l'a dit) que d'une ame de boue et d e sang, d'avoir recueilli ce secret pour le livrer à la justice et pour favoriser son avancement personnel.

Il était également accusé, dans une autre affaire célèbre, d'avoir pactisé avec le principal accusé, d'avoir violé à son profit le secret des délibérations du conseil municipal, et d'avoir, par forme de facétie, sali sa plume d'une indigne plaisanterie, que tout l'esprit de mon adversaire n'a pas réhabilitée ; et M. Lavocat se taisait, il était sous le poids des articles des journaux, il faisait ses visites dans l'arrondissement de Vouziers, serrant la main des électeurs ! Quant aux articles des journaux, il n'en disait rien. Eh bien ! est-ce qu'un homme jaloux de la dignité parlementaire pouvait souffrir de telles choses ? Est-ce que ce n'était pas rendre un service à M. Lavocat, que de lui dire : Mais votre honneur est mis en lambeaux ! vous voyez de quels faits vous êtes accusé, et vous ne répondez pas ! Et devant les électeurs qui vont vous juger par le scrutin, vous ne donneriez pas des explications ? Non, il n'en sera pas ainsi ! et moi, fraction obscure de ce corps, dont vous recherchez la faveur à deux genoux, je prétends mettre en lumière ces faits que vous voulez ensevelir dans les ténèbres, et vous demander les renseignements que vous paraissez vouloir garder pour vous-même. Telle a été la conduite de M. de Boullenois, et vous allez voir que sa brochure ne saurait recevoir d'autre interprétation, qu'on n'y trouve aucune de ces formes si blessantes que vous avez lues dans les journaux, que M. Lavocat a acceptées ; et il s'est bien gardé de poursuivre les auteurs en diffamation, parce qu'il savait qu'ils auraient été acquittés.

Vous allez voir avec quelle bonne foi, qui a été travestie par mon adversaire, M. de Boullenois procède ; il n'imite pas les journaux qui affirment l'accusation, il va aux sources ; il n'omet pas les choses qui pourraient être favorables à M. Lavocat, il attend paisiblement la réponse.

Écoutez, c'est une fatigue que je dois vous imposer ; mais vous êtes ici, Messieurs, les hommes de la justice, et vous devez nous permettre de remplir notre devoir jusqu'au bout ; il est indispensable que je lise tout entier cet écrit pour vous faire comprendre simplement, sans arrière-pensée, quelles ont été les intentions de M. de Boullenois, et je pourrai m'arrêter après cette lecture , car il serait impossible qu'elle vous laissât le moindre doute sur son innocence .

Aux électeurs de l'arrondissement de Vouziers, sur la candidature de M. Lavocat.

Je soussigné, Charles-Auguste-Ernest de Boullenois, ai cru qu'il était de mon devoir , comme de celui de tout homme de bien , de rendre publics des faits qui peuvent éclairer et intéresser au plus haut degré les électeurs dans le choix qu'ils vont faire aux prochaines élections , afin que personne ne puisse prétexter cause d'ignorance.

Ces faits m'ont paru graves, et ce n'est qu'après un examen consciencieux que je me suis décidé à les livrer à la publicité.

Dans les recherches que j'ai faites , j'ai retranché les actes de la vie privée.

Il était facile de faire signer cette circulaire par des personnes occupant de hautes positions à Paris ; mais, ayant l'avantage d'être connu de beaucoup d'électeurs, j'ai pensé qu'il était préférable que j'y misse ma signature ; car on ajoutera foi à mes paroles , et cela évitera la peine de faire des recherches. Du reste , j'assume sur moi toute la responsabilité de ce que j'avance.

En rendant publics différents actes de la vie politique de M. Lavocat, je sais que je me crée des ennemis ; mais ceux-là ont toujours voulu leur intérêt personnel et jamais le bien général.... Et , qu'importe ! toutes les fois qu'il s'agira d'être utile à mon pays, je ne craindrai jamais de me placer sur la brèche.

Introduction.

M. Lavocat a voté l'indemnité Pritchard , missionnaire protestant et pharmacien.

M. Lavocat a voté contre la diminution de l'impôt sur le sel , le 23 avril 1846. Je certifie ce vote; il n'y a que des personnes de mauvaise foi qui pourraient soutenir le contraire , car ce vote est public.

Affaire Fieschi.

Tout le monde a lu le procès Fieschi , et il semblerait au premier abord, qu'en le citant de nouveau, c'est aller chercher les choses de bien loin, puisque cet attentat a eu lieu en 1835 ; cependant l'esprit était tellement occupé du principal acteur, que plusieurs faits secondaires ont dû nécessairement échapper dans le premier moment, et il sera peut-être intéressant pour tous de connaître quelques particularités tirées du rapport fait à la Chambre des Pairs par M. le comte Portalis.

Fieschi avait été employé par la police : le rapport de M. Portalis ne laisse aucun doute à cet égard, et même, dans plusieurs endroits, M. le Rapporteur cite avec éloge les services que Fieschi avait rendus à cette administration. M. Lavocat ne pouvait pas ignorer cette position de Fieschi vis-à-vis le préfet de police ; effectivement, nous lisons dans ce rapport : « Fieschi était assez avant dans plusieurs sociétés républicaines..., etc. Mais M. Lavocat lui ayant fait des observations..., etc. aussitôt (Fieschi) les prit en horreur, et ne resta dans leurs rangs que pour savoir ce qu'ils méditaient... A chaque émeute, Fieschi était toujours un des premiers à venir offrir ses services à M. Lavocat... » Il informait aussi M. Lavocat de ce qui se passait dans les clubs. M. Lavocat savait donc à l'avance quand il devait y avoir une émeute. Il était cependant du devoir de tous d'empêcher les réunions clandestines, plutôt que d'avoir à combattre ces hommes égarés, et à répandre le sang de concitoyens.

Comme tout le monde le sait, Fieschi, dans le principe, cachait son véritable nom, et se faisait appeler Girard. « L'inspecteur général des prisons reconnut en lui Fieschi. »

« Ce fonctionnaire désigna plusieurs personnes qui pouvaient également le reconnaître, et entre autres, M. Lavocat.... C'était à lui qu'il était réservé de changer les dispositions de l'inculpé, de vaincre son obstination et de triompher de son silence. »

Il faut convenir que si c'est la première fois que M. Lavocat se chargeait d'une pareille mission, il y a montré un grand talent.

« On ne perdit pas un instant, et le 2 août, M. Lavocat fut introduit près du lit de Girard, en présence d'un juge d'instruction ; il l'appela du nom de Fieschi ; Girard simula la surprise et feignit de ne pas savoir qui lui parlait ; il lui demanda même avec une naïveté apparente s'il était de Lodève. M. Lavocat, rappelant alors à Fieschi l'intérêt qu'il lui avait autrefois témoigné, se plaignit d'être méconnu au moment où il lui donnait une nouvelle et si sensible preuve de cet ancien intérêt. »

Voici une autre version qui explique la manière dont M. Lavocat fut introduit près de Fieschi :

« *Constitutionnel*, 5 août 1835 :

«On raconte que l'auteur de l'attentat, en achetant les objets nécessaires à son projet, n'avait point donné le nom de Girard, mais celui de

Fieschi. On se souvint que M. Lavocat avait eu un domestique de ce nom. M. Gisquet se rendit chez M. Lavocat, et, après une conversation indifférente en apparence, M. Gisquet aurait dit à M. Lavocat qu'il le quittait pour aller interroger Girard. M. Lavocat pria M. le préfet de police de lui fournir les moyens de voir cet homme ; M. Gisquet eut l'air de résister, et céda, en lui donnant un ordre à porter pendant qu'il procéderait à son interrogatoire. »

Le journal qui publie ce fait ajoute :

« Les choses se passèrent comme il était facile de le prévoir ; dès qu'il eut aperçu le prétendu Girard, M. Lavocat aurait dit à M. Gisquet : « Vous êtes dans l'erreur sur le nom de cet individu ; ce n'est pas Girard, c'est Fieschi qu'il se nomme. » De son côté, ce dernier, entendant la confidence de son ancien maître, se serait écrié : Je suis perdu ! »

La justice employait tous les moyens pour faire parler Fieschi. Les révélations qu'il faisait à M. Lavocat étaient insuffisantes, parce que Fieschi se contredisait à dessein ; on eut recours à un ancien directeur de prisons, qui avait connu Fieschi.

« M. Bouvier, ancien directeur de la maison centrale de détention d'Embrun, était venu à Paris. M. le président jugea qu'il pouvait être utile à la manifestation de la vérité qu'il vît Fieschi. Fieschi se louait singulièrement de lui et le plaçait au premier rang de ses bienfaiteurs... Il était probable que les exhortations de M. Bouvier achèveraient ce qu'avaient commencé celles de M. Lavocat, et que Fieschi, s'il avait des révélations à faire, ne les retiendrait plus suspendues à ses lèvres. »

Voyons maintenant la conduite pleine de dignité de M. Bouvier, attaché au gouvernement et directeur des prisons.

« Fieschi, après avoir témoigné (à M. Bouvier) combien il trouvait flatteur et consolant que des hommes aussi honorables que M. Lavocat et lui vinssent le voir jusqu'au pied de l'échafaud, Fieschi lui parla de son repentir.... M. Bouvier lui répondit qu'il *ne cherchait pas à connaître ses secrets, qu'il voulait demeurer étranger au procès;* mais, puisqu'il le *mettait sur la voie*, qu'il l'invitait à dire tout ce qu'il importait à la justice de connaître. Il lui conseilla d'abandonner le système de réticence dans lequel il semblait persévérer, et de ne plus rien dissimuler à M. Lavocat. »

Ainsi, voici M. Bouvier qui respecte le secret d'un grand criminel, et qui laisse le champ libre à M. Lavocat.

Autrefois on infligeait la question à un accusé, afin de connaître la vérité. Heureusement, notre siècle n'a pas vu de pareilles barbaries. Mais si l'on a supprimé la question physique, il reste maintenant une sorte de question morale , et nous savons tous quel nom on donne dans les prisons à celui qui joue ce rôle.

Dans ce procès, je sais qu'il s'agissait d'un homme qui avait commis un grand crime, qu'il importait de connaître ses complices ; mais la justice est instituée : c'est donc dans son sein qu'elle trouve ordinairement les moyens de connaître la vérité , et, tout en rendant un grand service au pays , M. Lavocat était dans une position fausse ; car voici ce que faisait M. Lavocat, d'après le rapport :

« M. Lavocat recueillait avec soin les paroles de Fieschi ; il s'assurait, en les lui répétant, qu'il les avait bien comprises, et il portait de suite ces renseignements à M. le président pour qu'il y puisât, au besoin, ainsi que dans les pièces de l'instruction, le texte des questions qu'il devait adresser à Fieschi. »

Et nous lisons également :

« M. Lavocat intervint dans l'interrogatoire, pour faire sentir à Fieschi que la confiance qu'il disait avoir en lui serait entièrement stérile s'il se bornait, comme il l'avait fait jusqu'alors, à raconter en détail le plan ou la description de la machine ; que ce qui importait à la justice, c'était de savoir le nom des personnes avec qui il avait été en rapport, et qui pouvaient l'avoir poussé à l'acte qu'il avait commis... »

M. Lavocat, ne faisant point partie du corps judiciaire, était en dehors de la loi ; aussi il est facile de voir avec quelle politesse exquise M. Portalis rend compte de cette position mixte.

« Il n'y a rien, dans une telle manière de procéder, qui s'écarte des règles ordinaires de la procédure. Les matériaux mis en œuvre par les juges d'instruction, dans leurs interrogatoires, se composent habituellement de renseignements extra-judiciaires ; c'est ainsi qu'ils vérifient les avertissements et les diverses notions qui leur parviennent, et qu'il est de leur devoir de recueillir, à la charge de constater judiciairement l'existence ou la supposition des faits et des circonstances qui leur sont signalés. *A la vérité, un tiers ne s'interpose point journellement entre le magistrat et l'homme qu'il examine ;* mais si cette interposition a lieu du consentement du magistrat, par son ordre, dans l'intérêt unique de la vérité ; si le tiers est un homme digne de la confiance dont il reçoit une si haute marque ; *si ces rapports sont ensuite contrôlés en son absence,* par le magistrat même qui l'avait en quelque sorte délégué ; si, tout-à-fait en dehors de la procédure, ils deviennent seulement l'occasion d'arriver à une instruction plus complète et plus approfondie, on ne peut que donner son assentiment à l'usage d'un moyen qui réunit tant d'avantages, et présente si peu d'inconvénients. »

Pépin fait un grand nombre de questions à Fieschi, et, sous forme d'interrogation à la troisième personne, il rend compte de toutes les confidences que Fieschi lui aurait faites, et enfin il arrive à celle-ci :

« . . . . . Si Fieschi ne lui avait pas fait entendre qu'il avait rendu de grands services à M. Lavocat, relativement à la duchesse de Berri, et s'il ne lui avait pas raconté d'autres particularités concernant cette princesse. . . . »

Fieschi répond à toutes les questions de Pépin ; et, quand on arrive à la question citée plus haut, le rapporteur ne met que cette phrase :

« Fieschi a refusé de s'expliquer sur ce qui concernait M. Lavocat. »

On lit dans le rapport que ce n'est qu'après 1830 que Fieschi a connu M. Lavocat.

Cour d'assises de la Seine.

Affaire Hourdequin, Morin et autres.—Accusations de vol, de faux, de détournement de plans et minutes de la préfecture de la Seine, et de concussion.

Tous les journaux ont rendu compte du procès Hourdequin. Ce chef de bureau à la préfecture de la Seine avait sous sa direction le bureau de la grande voirie de la ville de Paris, et il profitait de sa position pour commettre les malversations les plus déshonorantes. Comme les débats l'ont prouvé, il avait donné une grande extension à ses relations criminelles ; il avait même, parmi le conseil municipal, des personnes assez complaisantes pour lui rendre compte, non-seulement de ce qui s'était dit pendant la réunion du conseil, mais encore qui poussaient l'obligeance jusqu'à le prévenir à chaque moment de ce que l'on disait pendant la délibération. Effectivement, il fallait à Hourdequin des renseignements aussi exacts, car voici comment cet employé agissait : S'il était question de percer une rue, percement qui devait quadrupler de suite la valeur du terrain, Hourdequin entrait aussitôt en marché avec les propriétaires de ces terrains, qui ignoraient les projets de la ville, et l'affaire était en suspens jusqu'au moment de la décision du conseil municipal. Or, si le conseil votait ce percement, Hourdequin, averti de ce qui se passait à l'intérieur, avait le temps de terminer le marché avant que les membres du conseil municipal fussent sortis de la séance, et par conséquent avant que ce nouveau projet fût divulgué ; comme tout le monde le sait, le conseil de la ville de Paris vote à la fois plusieurs millions.

M. le président de la Cour d'assises, après avoir fait grand nombre de questions à Hourdequin, arrive à celle-ci :

M. le Président. — On a saisi chez vous un rapport adressé au conseil municipal, au dos duquel se trouvent des notes au crayon, qui paraissent avoir été prises pendant la délibération du conseil. On y retrouve, en effet, des mentions qui paraissent être l'analyse des opinions de plusieurs membres. Puis on y lit ces mots, qui sont d'une grande inconvenance et d'une grande indiscrétion : *un tel* dit telle chose; *un tel*, etc.; puis, plus loin : *Galis hurle* (on rit). Comment, au milieu d'une délibération sérieuse, lorsqu'il s'agit des intérêts de la ville et de régler les conditions d'un marché à forfait, peut-on se permettre d'écrire de telles choses? Savez-vous de qui sont ces notes au crayon ? Ne sont-elles pas de la main de M. Lambert Sainte-Croix ? — R. Non, M. le président. — D. De qui donc ? — R. Je ne m'en souviens nullement.

M. le Président. — Je ne puis vous forcer à en faire l'aveu ; mais ceci s'éclaircira plus tard.

Ainsi, le conseil municipal était réuni, il s'agissait de délibérer sur des affaires très-importantes pour la ville de Paris : un homme, faisant partie du conseil, investi de la confiance de ses concitoyens, transmettait au dehors, d'instant en instant, les secrets de la délibération. Il écrivait au crayon de petites notes, afin de faire connaître à quel point en était la discussion : *un tel dit ceci, un tel a dit cela,* etc., et enfin *Galis hurle !* M. Galis, membre du conseil municipal, hurlait, c'est-à-dire était contre le projet dont la réalisation était tant désirée par M. Hourdequin.

M. le président a flétri celui qui avait écrit cela, et a demandé si ce, n'était pas M. Lambert Sainte-Croix, membre du conseil municipal et notaire. Hourdequin répond que ce n'est pas M. Lambert Sainte-Croix, mais refuse de dire le nom de celui qui l'avait écrit. Donc, Hourdequin voyait en cela une affaire très-grave, et il ne voulait pas compromettre celui qui avait été si complaisant pour lui.

Effectivement, c'était une chose fort grave; et quels sont ceux parmi nous qui nommeraient de nouveau membre du conseil municipal celui qui aurait été capable de commettre une pareille faute ? Et que dirions-nous, si, sans rougir, l'auteur osait se présenter pour solliciter nos suffrages et briguer la députation !

Aussi, tous les journaux jetèrent feu et flamme contre celui qui s'était ainsi compromis.

De son côté, M. Lambert Sainte-Croix, montré au doigt par le président, et compromis par les articles foudroyants des journaux, fit des recherches avec ses collègues afin de reconnaître la main qui avait tracé ces lignes.

Le 11 novembre 1842, le *Siècle* s'exprime ainsi :

« Nous avons publié exactement le compte-rendu des débats qui s'agitent devant la Cour d'assises de la Seine, relativement au procès dans lequel se trouvent impliqués plusieurs employés de la préfecture. Nous apprenons que de ces comptes-rendus, et d'un article publié hier, on a cherché à tirer certaines inductions entre M. Lambert Sainte-Croix, conseiller municipal. Nous avons rapporté fidèlement les faits ; nous devons, pour continuer le rôle d'impartialité que nous nous sommes tracé, mentionner une démarche honorable qui a été faite aujourd'hui dans nos bureaux.

« M. Lavocat, conseiller municipal, est venu nous déclarer qu'il était l'auteur du billet auquel on a pu rattacher les inductions dont nous parlions tout-à-l'heure, et nous devons dire que les explications dans lesquelles il est entré avec nous, sont de nature à mettre sa bonne foi et sa loyauté à l'abri de tout soupçon. La communication dont il s'agit n'était qu'une réponse aux obsessions de M. Hourdequin, très-préoccupé de la discussion agitée dans le conseil, sur le service des carrières sous Paris. Dans l'esprit de M. Lavocat lui-même, cette communication était loin d'être désobligeante pour M. Galis, qu'il estime et qu'il honore entre tous ses collègues. Dès que l'existence de ce billet lui a été révélée par les débats, M. Lavocat s'est empressé d'*autoriser* M. Galis et M. Lambert Sainte-Croix à dire qu'il en était l'auteur ; il vient, en outre, d'écrire à M. le président des assises, pour lui faire savoir qu'il était prêt à donner à la Cour toute explication à ce sujet. »

C'était donc M. Lavocat qui était l'auteur de ces billets, et qui faisait hurler M. Galis. C'était lui qui, complaisamment, transmettait au-dehors les secrets de la délibération ; et, si M. Lavocat se sert de pareilles expressions contre M. Galis, qu'il estime et qu'il honore entre tous ses concitoyens, je lui demanderai la permission de ne pas lui en faire mon compliment.

Vous voyez, Messieurs, avec quelle naïveté le *Siècle* rend compte de la démarche de M. Lavocat près de lui ; c'était donc tout simplement une étourderie, une inconséquence de la part de M. Lavocat vis-à-vis d'un employé dont les malversations étaient si publiques, qu'elles l'ont conduit sur les bancs de la Cour d'assises.

Mais si M. Lavocat est venu faire cet aveu au *Siècle*, spontanément, et pour qu'une accusation ne pesât pas injustement sur un de ses collègues, je suis de l'avis du président, sa conduite était d'une grande inconvenance et d'une grande indiscrétion.

Mais si, au contraire, M. Lavocat avait été forcé de se déclarer, parce que son écriture aurait été reconnue, et qu'étant sous le poids d'une dénonciation, il aurait préféré courir au-devant de l'affaire, faire des excuses à M. Galis et à M. Lambert Sainte-Croix ; et venir conter une petite histoire au *Siècle* avec une bonne foi et une humilité apparentes, mettant tout le tort sur sa complaisance facile pour M. Hourdequin, et qu'ainsi il eût trompé tout le monde, oh ! alors sa conduite serait inqualifiable.

Aussi je ne doute pas que M. Lavocat, pour se disculper de ce qu'il pourrait y avoir de douteux sur cette affaire dans l'esprit des électeurs et de tous, ne s'empresse de donner des preuves authentiques et surtout concluantes.

J'ai soin d'envoyer cette circulaire à l'avance, afin que M. Lavocat ait le temps d'y répondre ; mais si M. Lavocat répond, je compte qu'il le fera catégoriquement, sans s'écarter de la question.

Connaître la vérité, la faire connaître aux autres ; voilà le seul motif qui m'a guidé.

Ernest DE BOULLENOIS.

Après cette lecture, Me Favre continue ainsi sa plaidoirie.

On a fait de M. de Boullenois je ne sais quel monstre de calomnie, méditant ses coups dans l'ombre, tenant un stylet, suivant mon adversaire, pour frapper la poitrine de M. Lavocat, et se désaltérer de son sang.

Ces expressions sont à côté de la vérité : M. de Boullenois s'adresse aux électeurs de l'arrondissement de Vouziers ; il n'a pas de souci de M. Lavocat. Que M. Lavocat se retire et ne combatte pas la candidature de M. Ladoucette ; croyez-vous que M. de Boullenois ira le poursuivre dans sa manufacture des Gobelins et sur les bords de la Bièvre ?

Ainsi la première parole de M. de Boullenois, c'est une parole de franchise et de loyauté ; il se montre à tous : Me voici ! Je viens avertir les électeurs de la révélation de certains faits, qui sont graves, et sur lesquels il est indispensable que M. Lavocat veuille bien s'expliquer.

On dit que le style c'est l'homme ; eh bien ! je ne connais pas de style qui soit plus franc, plus ouvert et plus honnête. M. de Boullenois, dans quelques lignes, indique clairement quelles sont ses intentions ; il n'obéit pas à un sentiment de haine et d'animosité, il remplit un devoir public ; c'est parce qu'il est investi d'une sorte de magistrature qu'il consent à descendre dans la lice, où il n'a que faire, si ce n'est qu'à y recevoir des coups et à s'y créer des ennemis.

Mais dans cette brochure, à côté du blâme, vient la circonstance qui l'atténue ; M. de Boullenois était loin d'approuver la conduite de M. Lavocat vis-à-vis de Fieschi, il dit toutefois qu'il a rendu un grand service au pays, tout en acceptant une position fausse.

4

Quant aux paroles de M. Portalis à la Chambre des Pairs, il y a là, évidemment, une pensée qui n'a pas seulement préoccupé M. le Rapporteur au moment où il écrivait, mais dont on trouve la trace dans les paroles, d'ailleurs si remarquables, de M. le Chancelier, que mon adversaire a mises sous vos yeux. A la fin de cette allocution, M. le Chancelier disait à M. Lavocat : « Monsieur, ces paroles ne sont pas pour votre justification, elles sont pour vous témoigner l'assentiment de la Cour. »

Pourquoi donc, messieurs, parler de justification, si le rôle de M. Lavocat n'avait pas été extraordinaire? si quelque part un blâme sévère n'avait accueilli chacune de ses démarches, et si le soupçon ne les avait pas envenimées? Que des fonctionnaires aussi haut placés que M. le Rapporteur, premier président de la Cour de cassation, et que M. le Chancelier, président de la Cour des Pairs, se croient dans la nécessité de présenter une sorte de plaidoyer en faveur de M. Lavocat, c'est un indice suffisant. Eh bien! on a vu dans cette partie de la vie publique de M. Lavocat, quelque chose qui mérite des explications, alors qu'il sollicite l'honneur de représenter son pays à la Chambre.

Voilà tout ce qui est relatif à l'affaire Fieschi. Vient ensuite un dernier passage, relatif à la duchesse de Berri.

Comment est-il donc possible que M. Lavocat ait osé dire, dans la lettre qu'il a écrite le jour où il se trouvait ballotté, lorsqu'il y avait 250 voix contre 250 voix, et où il annonce qu'il va porter plainte contre M. de Boullenois, que M. de Boullenois avait eu l'intention, clairement manifestée, de lui attribuer une complicité quelconque dans l'affaire Fieschi, et une complicité de malversations dans l'affaire Hourdequin? Evidemment, M. Lavocat n'était pas de bonne foi, il savait très-bien que l'écrit de M. de Boullenois ne pouvait pas le représenter comme étant le complice de Fieschi.

Qu'est-ce qu'on lui reprochait? C'était d'avoir servi la justice d'une manière à la fois irrégulière et peu honnête, et de s'être placé dans une situation fausse, qui exclut les sentiments de dignité et de délicatesse qu'on doit désirer de la part de celui qui siège à la Chambre des Députés. Voilà ce qui est clairement indiqué dans l'écrit, non pas à l'état d'affirmation, mais à l'état de doute. M. de Boullenois invite M. Lavocat à s'expliquer, mais celui-ci a voulu constamment chercher à donner le change sur la véritable intention de M. de Boullenois, et à faire croire qu'il l'avait accusé de complicité dans ce crime.

Vous venez d'entendre ce qui, dans le pamphlet, comme mon adversaire l'appelle, est relatif à l'affaire Fieschi, et je vous demande, comme à des hommes intelligents et honnêtes, s'il est possible de rencontrer un langage plus décent et plus convenable ; si M. de Boullenois, héritier des journaux dont je vous ai cité quelques articles, n'aurait pas été excusable en imitant leur sévérité ; c'est ce qu'il a évité cependant, en prenant toujours une forme qui laissait à M. Lavocat la possibilité de se justifier ; et je demande si, en présence des passages de cette brochure que mon adversaire s'est bien gardé de vous lire, vous pouvez comprendre la violence de l'accusation de M. Lavocat, qui, sur cette partie du procès, n'a rien ménagé, et qui a été jusqu'à dire que M. de Boullenois le forçait à briser son épée dans votre prétoire ? Non, il faut faire descendre la cause de l'exagération où vous l'avez placée.

M. de Boullenois a pensé, comme beaucoup de gens, que votre conduite dans l'affaire Fieschi avait été équivoque et douteuse. Vous auriez bien fait de vous expliquer devant les électeurs ; quant à ce que vous avez dit devant la Cour d'assises, si vous en êtes content, c'est votre affaire ; mais, même avec cette justification, certains jugements sévères demeureront à votre égard, et acquerront une consécration plus fâcheuse.

Quant à l'affaire Hourdequin, c'est exactement dans les mêmes termes que M. de Boullenois va s'expliquer, et il va la présenter également comme une circonstance déplorable pour le passé de M. Lavocat.

« Tous les journaux ont rendu compte..., etc. » (Voir plus haut le passage cité.)

Voilà ce que mon adversaire a appellé une vipère. Son venin est bien innocent, car au lieu de qualifier la conduite de M. Lavocat comme l'ont fait les journaux, et comme il eût été possible de le faire en exagérant le fait qui a été reproché, on appelle le procédé de M. Lavocat une faute, et on ajoute que celui qui s'en est rendu coupable ne devrait pas briguer la députation.

Vous vous rappelez que mon adversaire a accusé M. de Boullenois de trahison, de perfidie, de mille horreurs ; il n'a pas eu dans son vocabulaire assez de gros mots contre lui, précisément, dit-il, parce qu'il a pris l'attaque et a négligé la défense.

Mais mon adversaire a oublié jusqu'à la brochure qu'il attaquait, il a oublié que, dans sa brochure, l'auteur a poussé la bonne foi jusqu'à imprimer la note du *Siècle*, écrite de la main de M. Lavocat, et sur laquelle je reviendrai pour y puiser des armes à l'appui de la défense.

Voilà, messieurs, le prétendu pamphlet, voilà le poison ! Je vous demande si jamais il s'en rencontra d'une nature plus bénigne. Cet homme, suivant le langage de mon adversaire, est acharné à la perte de M. Lavocat, il s'attaque à lui corps à corps, il veut l'immoler, l'égorger ; et de quoi parle-t-il donc? Il parle des doutes que la conduite de M. Lavocat peut avoir laissés dans l'esprit des électeurs, et il convie M. Lavocat à les dissiper. Diffamateur singulier, qui va au-devant de la justification de celui qui l'accuse, et qui lui donne tous les moyens de faire éclater son honneur au grand jour ; qui tient son opinion en réserve, mais qui, investi du droit de souveraineté électorale, désire être éclairé avant de donner son vote. Il n'y a pas autre chose dans l'écrit, et il a fallu tout l'esprit de mon adversaire, qui s'est tourmenté au-delà des limites du possible, pour arriver à vous faire croire qu'il y avait dans cet écrit l'ombre d'une diffamation.

Du reste, qui l'a jugé? Celui qui ne saurait se récuser dans cette cause, M. Lavocat lui-même. A moins que M. Lavocat ne vienne nous dire qu'il a deux sortes d'honneur, l'un qui est vulnérable à tel jour, et l'autre qui sommeille ; celui-ci qui prend patience quand la candidature n'est point encore menacée, celui-là qui devient irritable au dernier chef quand il se trouve vis-à-vis de 250 voix qui lui sont contraires, il faut qu'il reconnaisse que lui-même n'a pas pensé qu'il y a diffamation dans cet écrit, puisqu'il ne l'a pas attaqué.

L'écrit de M. de Boullenois date du 27 juillet 1846, les élections commençaient le 1er août suivant, c'est-à-dire six jours après; M. Lavocat en a donc eu connaissance. Est-ce qu'il l'a attaqué? Est-ce qu'il a fait appel, pour me servir de ses grands mots, et pour le suivre dans ses grosses colères, à la sagesse du pays? Est-ce qu'il a voulu que la Cour d'assises éclairât chacun de ses actes? Point. Il est allé trouver M. Mortimer Ternaux, qui était candidat à Réthel, et les candidats sont bien humbles avant la députation, sauf à se relever après; M. Ternaux avait des adversaires, et il désirait que M. Lavocat lui fût favorable auprès des électeurs ; et c'est alors qu'il se détermina, non sans avoir été vivement sollicité, mais enfin il était attaché au même pilori que M. Lavocat, à écrire cette lettre avec la spontanéité d'un homme qui était forcé de dire ce qu'on lui demandait (*On rit*).

« Mon cher ancien collègue,

« Vous me faites communiquer à Réthel, où je suis en ce moment, une brochure publiée contre votre candidature, par un électeur de l'arrondissement de Vouziers. Dans cet écrit, un incident de l'affaire Hourdequin est présenté sous une couleur inexacte. Ayant eu l'honneur de siéger pendant sept années avec vous, au Conseil municipal de Paris, je viens, tout spontanément, mon cher ancien collègue, témoigner de l'impression produite par cet incident dans le sein du conseil municipal, le meilleur appréciateur, à coup sûr, des circonstances de cette affaire.

« La vérité est qu'elle n'y a soulevé aucune observation, parce qu'il n'y en avait aucune à faire sur une circonstance qui ne se rattachait point aux faits reprochés à Hourdequin. Après comme avant cette affaire, vous n'avez cessé d'être entouré de l'estime et de l'affection de *tous* vos collègues du conseil municipal, où vous avez laissé le meilleur souvenir.

« Si, plus tard, à l'expiration de votre mandat, vos collègues ont eu le chagrin de vous voir retirer *volontairement* du Conseil municipal, ils vous ont vu avec un vif plaisir appelé, peu après, par le suffrage de nos concitoyens, à servir encore les intérêts de la cité parisienne, comme colonel de la 12ᵉ légion de la garde ationale.

« Je ne veux pas terminer cette lettre sans vous renouveler, mon cher ancien collègue, les sentiments d'estime et d'amitié que je vous ai voués depuis longtemps.

« M. Ternaux,

« Ancien député des Ardennes, membre du
Conseil municipal de Paris.

« Rethel, ce 30 juillet 1846.

M. Lavocat, dans cette circulaire, imitant une pratique qui sent la réclame et le procédé des charlatans, met le mot *tous* en caractères majuscules, afin que l'impression soit profonde et générale parmi les électeurs, et qu'on voie bien que ce n'est pas l'opinion de M. Ternaux seulement, mais celle du Conseil municipal. Or, M. Ternaux était à Rethel, dans l'impossibilité, par conséquent, de consulter tous ses collègues.

On vous a dit qu'il y avait 36 conseillers municipaux; eh bien! M. Lavocat qui a frappé à toutes les portes, et a demandé des lettres à tous, en a obtenu trois; il a fait venir un de ses collègues qui a témoigné sous la foi du serment. Mais, si je sais bien compter, qui de 36 ôte 5 (car M. Lavocat fait sans doute partie de cette respectable minorité, et s'estime peut-être lui-même autant que les 4 autres); qui de 36 ôte 5 reste 31, qui ont refusé de répondre à M. Lavocat. Les lettres sont demeurées stériles, les sollicitations sans résultat. M. Galis, qu'on a traité avec une légèreté si inqualifiable, n'a pas daigné donner le moindre certificat à cet ami auquel il pardonne ses espiègleries. Il fallait donc que l'unique attestation, celle de M. Ternaux, frappât fort; aussi M. Lavocat allonge pompeusement les lettres, qui prennent alors un caractère hyperbolique.

La circulaire dit : « Nous ne saurions trop féliciter M. Mortimer Ternaux de cette loyale déclaration. » Ceci est de M. Lavocat.

Ainsi vous vous félicitez vous-même dans la personne de M. Ternaux, car il n'y avait pas de quoi.

Mon adversaire a dit qu'on avait été trouver M. Ternaux; nous sommes d'accord sur ce point, et M. Lavocat dit : « L'empressement spontané qu'il a mis à le faire... » Voilà comment il respecte la vérité ! Il ajoute : « Il importe que les hommes de cœur s'unissent pour combattre les mauvaises passions et imposer la vérité au mensonge. »

Dans les lignes qui précèdent la lettre, on se sert d'expressions irritantes, et M. de Boullenois, qui avait signé sa brochure, se voit attaqué dans un écrit anonyme. Or, l'on dit que cette lettre est une réponse péremptoire à l'une des calomnies si audacieusement reproduites dans cet étrange écrit. Voilà l'injure fière et désordonnée sous la forme anonyme ! Mais elle contraste, il faut le dire, avec la bénignité si parfaite de la lettre de M. Ternaux. Car, enfin, vous sollicitez des témoignages ; permettez que je les examine et que j'y recueille ce qui peut être conforme à l'expression de mon opinion, et ce qui peut aussi éclairer la vérité.

M. Ternaux disait simplement dans sa lettre : « L'incident de l'affaire Hourdequin est présenté sous des couleurs inexactes. » Mais de calomnie, de diffamation, d'injure, pas un mot; et vous, vous dites que M. de Boullenois est un calomniateur, un menteur; il était attaqué dans ce qu'il avait de plus cher, et il répondait par une dernière lettre, qui a servi de prétexte à M. Lavocat pour porter plainte contre lui ; et voici comment M. de Boullenois s'explique :

« Senne, ce 31 juillet 1846.

« Messieurs et chers concitoyens,

« J'ai eu l'honneur de vous envoyer des renseignements sur la vie politique de M. Lavocat.

« L'intérêt de mon pays m'ayant obligé de me mettre, malgré moi, en évidence, mon intention formelle était d'attendre dans le silence la fin de la lutte ; car il est loyal de combattre, mais jamais d'abuser de la victoire. Malheureusement on s'est servi d'expressions si inconvenantes, dans les débats écrits, à l'égard des personnes engagées dans cette question, que je me crois autorisé à vous donner de nouveaux détails et à répondre à la lettre de M. Mortimer Ternaux.

« M. Lavocat ne s'est pas retiré volontairement du Conseil municipal de Paris : il a attendu que son mandat fût expiré, mais il n'a pas été renommé. Alors il demanda à être porté sur la liste des candidats des maires et adjoints : cette faveur ne lui fut pas accordée.

« J'ai demandé, en ma qualité d'électeur, compte à M. Lavocat de ses actes publics ; j'ai certifié ce que j'avançais, et j'avoue que je m'attendais, ou à être attaqué en justice, ou bien que M. Lavocat donnerait franchement des preuves authentiques et surtout concluantes.

« M. Lavocat a pris la peine d'aller à Rethel demander un certificat à M. Mortimer-Ternaux.

« Puisque M. le Député de Rethel veut bien obligeamment dire que l'affaire Hourdequin est représentée sous une couleur inexacte dans ma circulaire, je suis obligé d'insister sur cette scandaleuse affaire et d'attester de nouveau l'exactitude des faits.

« J'ajouterai que M. Lavocat avait une tannerie dans le 12ᵉ arrondissement : le terrain a peu de valeur dans ce quartier ; la ville de Paris fit reculer le mur des ateliers de cet établissement. Je pourrais demander à M. Lavocat quelle somme il reçut pour indemnité. — Hourdequin était alors au bureau de la grande voirie.

(Procès Hourdequin, séance de la Cour d'assises du 8 novembre 1842.)

« On voit, d'après les débats, que, dans les questions faites par le Président, M. Lavocat, pendant les délibérations du Conseil municipal, lorsqu'il s'agissait de régler les conditions d'un marché à forfait, transmettait au dehors, d'instant en instant, les secrets de la délibération.

« Courant d'avril 1846, M. Lavocat fut nommé colonel, quoique le septième sur la liste des candidats.

« Hourdequin a été grâcié fin d'avril 1846 !!!

« Veuillez recevoir, Messieurs, l'assurance de ma parfaite considération.

« Ernest de Boullenois,

« Je ne réponds qu'aux écrits signés. »

Et c'est après cet écrit du 2 août 1846 (la date est précieuse), que M. Lavocat porte sa plainte et qu'il la fait précéder des lignes que voici, dans lesquelles il dénature les passages avec autant d'habileté qu'il en a mise à votre audience, et dans lesquelles, pour excuser sa plainte, il se suppose calomnié.

« Aux électeurs de l'arrondissement de Vouziers.

« Messieurs,

« Un pamphlet, signé Ernest de Boullenois, a été répandu, il y a quelques jours, avec l'intention évidente et clairement manifestée par l'auteur, de m'attribuer une complicité quelconque dans l'affaire Fieschi et dans les faits de malversation et de concussion qui ont amené, en 1842, la condamnation du nommé Hourdequin par la Cour d'assises du département de la Seine.

« Un écrit daté de Senne, 31 juillet 1846, distribué ce matin avec profusion dans Vouziers, et signé encore Ernest de Boullenois, reproduit contre moi la même accusation, la même diffamation.

« Messieurs les Électeurs, je vous dois, à vous qui m'avez plusieurs fois honoré de vos suffrages, à vous dont je sollicite aujourd'hui même le renouvellement de mon mandat politique, je vous dois à vous, je me dois à moi-même, de ne pas laisser plus longtemps dans le mépris où je les ai tenus jusqu'à ce jour, d'aussi abominables imputations. En conséquence, je viens de déposer au Parquet de M. le Procureur du Roi de Vouziers, une plainte ayant pour objet de faire traduire directement le sieur Ernest de Boullenois devant la Cour d'assises des Ardennes.

« Là, au grand jour de la justice, à la face du pays, je confondrai le calomniateur, qui ne sera privé d'aucun moyen de défense.

« En attendant, Messieurs les Électeurs, j'en appelle à vous, j'en appelle à vos consciences. Je réclame aujourd'hui de vous ce verdict que nul honnête homme ne refuse à un homme d'honneur audacieusement outragé.

« Signé : G. Lavocat.

« Vouziers, le 2 août 1846. »

Ainsi, M. Lavocat sait tout exploiter, jusqu'à une prétendue insulte, et cette plainte n'est qu'un prétexte pour insister davantage auprès des électeurs ; il leur dit : Voyez à quelles calomnies votre candidat est exposé, considérez sa situation fâcheuse s'il vient à échouer devant vous, et que votre scrutin le venge !

C'est ainsi que M. Lavocat agit auprès des électeurs, et qu'à force de sollicitations et de démarches, il parvient à être élu : mais la plainte est formée le 2 août, le jour où il se trouve en face de M. Ladoucette, dans un équilibre parfait, 250 contre 250, et il sait que des hommes qui sont obstinés dans leur puritanisme jusqu'à l'utopie, ont voulu donner 18 voix à M. de Lamartine, et que si ces hommes viennent se ranger dans le camp de M. Ladoucette, le lendemain, la partie est perdue ; et voulant à tout prix rallier ses partisans, cherchant à faire du fracas autour de lui, M. Lavocat se pose comme un héros méconnu et se prétend outragé. « On me demande des explications, dit-il ; des explications à moi qui suis votre député depuis un grand nombre d'années! à moi directeur de la manufacture des Gobelins! à moi commandeur de la légion-d'honneur! allons donc! C'est devant le procureur du roi que je traduis celui qui ose me les demander, c'est devant le jury que je m'expliquerai, mais point devant les électeurs. A ceux-ci je ne demande que leurs suffrages. »

Tout cela est habile; mais que cela cache des sentiments vrais, qu'il ne joue pas la comédie dans la circulaire comme à l'audience; que sa colère et son honneur aient sommeillé pendant une semaine toute entière, et qu'ils ne se soient réveillés qu'en face du danger électoral que lui faisait courir son concurrent, c'est ce que vous ne croirez pas sérieusement. Tout ceci est une manœuvre électorale pour enlever la majorité, pas autre chose. M. Lavocat a réussi; que sa victoire lui profite, nous ne nous y opposons pas ; mais, devant la justice, aux pieds de nos concitoyens, alors qu'il s'agit d'une question d'innocence ou de culpabilité, ces moyens ne sauraient avoir le moindre succès, et si le jury voit comme nous dans les écrits de M. de Boullenois l'intention pure et honnête d'exercer un droit légitime, il ne saurait sacrifier à vos colères, à vos espérances politiques, le moindre cheveu d'un honorable citoyen (Mouvement).

Ainsi M. Lavocat s'est contenté de dire : Je ne répons pas, je me déclare inviolable en ma qualité de candidat, et quiconque me demandera des explications, je le traduirai devant la Cour d'assises. Il faut convenir que si une pareille doctrine venait à s'implanter en France, elle serait la joie et la consolation de tous les hommes tarés, lesquels sachant qu'au parlement il est plus d'un moyen de faire fortune, de se créer une position, qu'on y voit les ministres, qu'on peut leur glisser à l'oreille certains mots utiles, répondront, lorsqu'on leur demandera la moindre explication qui mettra en suspicion leur loyauté devant les électeurs, que c'est en Cour d'assises qu'ils s'expliqueront, et quand le scrutin sera fermé.

M. Lavocat aurait dû dire quelle avait été sa participation aux affaires Fieschi et Hourdequin, et peut-être que s'il l'avait dit à Vouziers comme à Paris, de même qu'à Paris il a échoué dans les élections de la garde nationale et du conseil municipal, on l'aurait renvoyé à sa manufacture des Gobelins sans le faire asseoir au palais Bourbon. Il a donc formé une plainte dont maintenant vous êtes saisis; seulement, comme les plaintes en justice doivent nécessairement avoir un résultat judiciaire, il a été dans la nécessité de la soutenir jusqu'au bout.

M. Lavocat a cherché partout des points d'appui; il a employé tous les moyens en son pouvoir pour arriver à ce résultat qu'il désire si ardemment; il a fait imprimer ou laissé imprimer, dans un journal, l'*Ardennais*, qui est ouvertement son défenseur, les lignes que voici :

« Les hommes politiques qui siègent dans le Conseil de la couronne, peuvent être critiqués, blâmés, harcelés dans les journaux et dans la Chambre... Le Gouvernement accepte ici nettement, par le fait même de l'intervention de M. le procureur-général, la solidarité la plus entière avec M. Lavocat, outragé dans son honneur personnel, dans la délicatesse de sa conduite privée. Le Gouvernement en appelle par lui-même à la justice du pays ; il demande que le pays, par un verdict solennel, reconnaisse enfin que le Roi et tous ses ministres, depuis plus de dix ans, se sont montrés justes et éclairés en méprisant d'odieuses calomnies, et en conservant à M. Lavocat les postes éminents confiés à son patriotisme et à sa loyauté. »

Vit-on jamais un orgueil plus en délire, un plaignant davantage aux abois, chercher des moyens plus désespérés pour le salut d'une cause qu'il sait devoir infailliblement perdre ? Ce nom du chef de l'Etat n'est pas ménagé, pour faire croire qu'une condamnation est indispensable au repos du pays, et que la France doit chanceler si son crédit est ébranlé.

Après avoir ainsi établi je ne sais quelle impie solidarité entre le représentant de toute autorité et lui, M. Lavocat va jusqu'à compromettre la justice ; il a fait croire que M. le Procureur-général, qui veut bien assister à ce débat, qui y apporte toute l'autorité de sa position élevée, et aussi toute l'impartialité de son talent et de son caractère, vient ici avec une mission qui lui est tracée, pour vous demander une condamnation dont le prix a peut-être été à l'avance tarifé, taxé. Ces lignes ont été écrites afin de pervertir votre décision ; mais vous direz qu'au-dessus de ces misérables intérêts qu'on a vainement essayé de grandir, il y a une question d'innocence et de culpabilité, sur laquelle vous ne prendrez pas le change, et vous prononcerez avec l'impartialité de la justice.

Après ces détails, vous est-il possible de croire que M. de Boullenois soit un diffamateur ? Ne voyez-vous pas les fils secrets qui ont fait agir M. Lavocat ? Est-ce qu'il n'est pas fidèle à tous ses antécédents ? N'est-ce pas pour se grandir encore et se faire renommer qu'il a fait ce procès, afin d'étouffer toute espèce de discussion ? Est-ce qu'il n'accueille pas avec plaisir la décision de la Cour qui refuse d'entendre nos témoins ?

Cependant il faut suivre l'adversaire dans ses développements, et les explications que je donnerai seront la réfutation complète du roman qu'il a présenté.

Vous avez reproché à M. de Boullenois d'avoir critiqué la conduite de M. Lavocat sous deux rapports : vous avez d'abord parlé de l'affaire Fieschi, puis de l'affaire Hourdequin.

Permettez-moi de vous faire remarquer tout d'abord, qu'avant, il s'agit de savoir si M. de Boullenois a été de bonne foi, s'il a été décent et convenable dans ses écrits : or, cette question n'est douteuse pour personne; il a vu M. Lavocat attaqué par les journaux, refusant de répondre; il l'a sommé de le faire. Il a parlé de faits qui couraient les rues ; il n'a rien inventé, ni rien distillé de ces flots de haine et de fiel que vous lui avez prêtés pour le besoin de votre cause; il a été modéré dans son langage, mais a-t-il été exact appréciateur des faits et des sentiments, quand il a trouvé à reprendre dans la conduite de M. Lavocat, relativement à son intervention dans la procédure Fieschi, et relativement à l'affaire Hourdequin ? N'a-t-il pas exprimé qu'il y a ici une équivoque, un soupçon, une sorte de tache que M. Lavocat n'effacerait pas, ne dissiperait même pas par une condamnation ?

Vous nous avez parlé de l'affaire Fieschi : on se rappelle avec quelle habileté de mise en scène mon adversaire a préparé vos impressions. De combien de choses inutiles il vous a entretenus; combien il vous a fait un tableau saisissant de cet abominable attentat, qui a jeté dans tout Paris la terreur et la consternation ; et tout cela n'était pas seulement un besoin de l'esprit de mon adversaire, c'était une habileté de sa part, afin de grandir le service que M. Lavocat aurait rendu à la monarchie. Mon adversaire n'était que l'écho très-affaibli de M. Lavocat lui-même.

Mais, est-ce qu'il s'agit de ces impressions ? Est-ce que nous n'avons pas à juger quelque chose de plus précis, de plus clair? Un simple citoyen peut-il, même quand la justice vient lui faire cette réquisition, se mettre tout entier à sa disposition, descendre à sa place dans le cachot d'un grand criminel, s'asseoir auprès d'un mourant, épier les paroles entrecoupées de cet homme que vous avez représenté tout grelottant par la fièvre, et déjà saisi par les ombres de la mort? Peut-il recueillir ces déclarations pleines de divagations, et les transmettre ensuite à la justice pour en faire son profit ?

Cette question est simple, et je ne crains pas de dire que l'honnêteté publique la résout, et qu'il n'est personne ici, mon adversaire compris, qui voulût rendre un pareil service au pays, quelle que fût d'ailleurs la grandeur des résultats qu'il attendrait; car enfin, il y a des services qui peuvent être nécessaires, mais qui sont fâcheux.

Je ne veux jeter dans le débat aucune parole irritante. Il y a dans la société des couches impures qu'il est nécessaire de sonder; il faut y aller trouver des vérités utiles, pour y saisir des instruments nuisibles, pour y réprimer de dangereux forfaits. Croyez-vous que les instruments qui se résignent à une pareille abjection, puissent être considérés comme honorables ? Croyez-vous que ceux qui, de près ou de loin, concourent à cette vaste et ténébreuse organisation qu'on appelle la police, mais qui est nécessaire, soient honnêtes ? Et, bien qu'ils soient serviteurs de l'Etat, seriez-vous fiers et jaloux de serrer leurs mains et de les admettre dans votre intimité ?

Or, qu'a fait M. Lavocat ? Que cette action se soit parée d'un vêtement de pourpre, qu'il vienne ici faire étalage de la grandeur des résultats qu'il a obtenus, qu'importe ! le fait reste le même. Sans mission officielle, simple particulier, éloigné par sa position d'un pareil devoir, il a consenti à suppléer la justice ; il est allé près de cet homme, près de ce monstre qu'on appelait Fieschi ; et celui-ci lui disait que sa présence l'impressionnait : « Mais, Fieschi, vous me connaissez ! Je viens me mettre en relation avec vous. »

Alors, il lui a rappelé le passé, il a cherché dans la fange de cette ame ce qu'il pouvait y avoir encore de sensible ; il ne s'est pas contenté de l'attendrir, de le disposer, de le préparer à la justice, aux mains de laquelle il le pouvait remettre ; il est allé au-delà, il a voulu scruter cet abîme de boue, et y chercher ce que Fieschi y cachait soigneusement ; il a voulu en faire sortir la vérité, et quelle vérité !

Il y a dans le vieux droit criminel un principe enseigné par tous les docteurs, c'est que l'accusé n'est pas tenu de se dénoncer lui-même ; que, dans cette position extrême où il est accablé de toutes les foudres et de toutes les réprobations, il conserve cette sorte d'inviolabilité qui lui permet de se renfermer dans les réticences. Mais ce qui n'a jamais été contesté par personne, c'est que dans la bassesse il y a un dernier degré de bassesse, c'est que dans l'infamie il y a un dernier point d'infamie, c'est celui où descend l'accusé qui, pour sauver sa tête compromise par sa scé-lératesse, s'en va vendre ses complices, ceux qu'il a associés à son action ténébreuse, et les livrer au bourreau ! Voilà ce qui n'est douteux pour personne, et ce qu'on ne conteste pas quand on est honnête. Il n'y a qu'une personne au monde qui puisse demander cette immolation du dernier vestige de la conscience humaine, c'est celle qui agit avec une mission spéciale, officielle, avec le glaive de la loi : c'est la justice. Mais comment procède-t-elle ? elle procède en ne compromettant jamais son ministère ; ce n'est pas d'elle que vous avez à attendre ou des menaces qui ne seraient pas dans l'esprit de la loi, ou des familiarités qui feraient descendre le magistrat à un niveau indigne de lui. Non : la justice, au moment où elle interroge, a averti le coupable ; le coupable sait que chacune de ses déclarations sera enregistrée ; à côté du magistrat qui l'interroge est l'homme de la loi ; le greffier tient note de chacune des paroles tombées des lèvres de l'accusé, et, dans ces communications solennelles, tous les égards que mérite l'accusé lui sont conservés, il sait jusqu'où il s'engage. Mais, renversez les rôles; supposez qu'au lieu de ce magistrat, revêtu de sa toge, environné de l'inviolabilité de la loi, ce soit un homme qui descende dans le cachot de l'accusé, le prenne par ses secrètes faiblesses, et, *cœur à cœur*, permettez-moi cette expression, lui demande des confidences sur un passé qu'il connaît! Ne voyez-vous pas où le soupçon peut se placer? J'en puise la preuve dans les paroles de mon adversaire : il nous a dit que dans certaines confidences de Fieschi s'étaient glissés les noms d'anciens amis de M. Lavocat, alors ses ennemis politiques, et que, cédant à un sentiment généreux, M. Lavocat avait dit : « Oh! pour ceux-ci, j'ai l'oreille fermée ; vous ne les prononcerez pas devant moi. » Est-ce que M. Lavocat, s'il était l'homme de la justice, pouvait ainsi se faire son rôle? Est-ce qu'il pouvait limiter le terrain de l'interrogatoire? Cela vous prouve que dans sa mission il ne relevait que de sa conscience, c'est-à-dire de son caprice, et que s'il était le maître de la situation, il l'était à ses périls et risques, c'est-à-dire en compromettant sa dignité et en risquant son avenir tout entier.

Que pensait M. Lavocat de cette humiliation? Il nous a dit, et nous avons retenu ces paroles dans la bouche du président de la Cour des Pairs, qu'il avait rendu au pays un grand service. M. Lavocat savait que ce n'était pas seulement au pays que ce service était rendu, et l'affectation qu'il met toujours à se faire considérer comme le sauveur d'une tête auguste, le prouve suffisamment ; et sa fortune, qui est allée grandissant depuis, toutes les faveurs dont il a été accablé, démontrent également qu'il a su mettre son dévouement à profit. Et, quand il descendait ainsi dans le cachot de l'assassin du roi, il savait que s'il compromettait son caractère, il consolidait sa fortune. Il acceptait un pareil marché: qu'il ne vienne pas aujourd'hui s'en plaindre, et ne s'étonne pas si l'écrivain dont parlait tout-à-l'heure mon adversaire, et dont il invoquait l'autorité, a écrit ces lignes, qui sont le meilleur résumé de toute cette partie de ma discussion : « M. Lavocat a été prié d'intervenir officieusement auprès du coupable; mission fâcheuse !... »

Oui, l'écrivain a parfaitement traduit la pensée publique; oui, le plus légitime instinct est blessé par une pareille conduite; personne ne voudrait la fortune de M. Lavocat à un tel prix, même au prix d'un éloge publiquement décerné par le président de la Cour des Pairs, qui sentait le besoin de justifier M. Lavocat. Et quand le rapporteur disait que c'était une mission extraordinaire qui n'était point, en général, donnée par la justice, il faisait entendre que M. Lavocat avait été un homme dévoué outre mesure, qu'on avait été heureux de le rencontrer, tout comme ces gens qui qui acceptent des missions équivoques, et qui, tout en rendant des services de la même nature et de la même moralité que celui de M. Lavocat, n'en demeurent pas moins dans une position équivoque et fausse vis-à-vis des honnêtes gens (*Sensation dans l'auditoire*).

M. Lavocat ne s'est pas contenté d'user de son influence vis-à-vis de Fieschi.

Fieschi voulait garder le silence ; on lui demanda sa profession : « Mécanicien. — Combien étiez-vous ? » Il lève un seul doigt. « Quand avez-vous conçu ce crime ? Il répondit : Semaine. — Qui vous avait donné cette idée-là ? — Moi-même. — Vouliez-vous tuer le Roi ? Il fait un signe affirmatif. Et lui, mourant, qui ne croyait pas survivre à sa blessure, ne voulait rien révéler, il voulait mourir avec son secret. Eh bien ! tout ce qu'a dit mon adversaire sur l'utilité de ces révélations, n'a rien changé en ce qui touche la moralité de celui qui les a arrachées, qui est venu auprès de cet homme pour lui demander le nom de ses complices.

Fieschi, dans l'abyme d'ignominie où il se trouvait, voulait à tout prix racheter sa tête ; il disait que pour cette *faute*, comme il l'appelait, il serait envoyé en Amérique, qu'on lui ferait une *pacotille*. Cet espoir ne l'a-t-il pas décidé à révéler ses complices et à les envoyer à l'échafaud ?

A Dieu ne plaise que je conteste la légitimité d'une condamnation qui a reçu une consécration si terrible ! Mais ne comprenez-vous pas que celui qui a sollicité ces révélations ait dit à Fieschi : Il faut que vous me donniez des noms ; mon influence serait stérile sans cela.

Voilà le rôle que M. Lavocat acceptait.

Eh bien ! M. de Boullenois, lui électeur, a cru qu'une pareille conduite, qu'un pareil oubli des devoirs d'un citoyen, d'un honnête homme, exigeaient une explication, quand M. Lavocat se présentait pour briguer les suffrages de ses concitoyens. Il n'a pas dit que M. Lavocat fût complice de Fieschi, mais il a pensé qu'il y avait, de la part de M. Lavocat, un excès de zèle, pour ne rien dire de plus, qui mettait ainsi sa conduite en suspicion ; et c'est pour cela qu'il lui demandait de s'expliquer devant le corps électoral.

Il en a été de même pour l'affaire Hourdequin. Seulement, ici, je rencontre de la part de mon adversaire un triomphe tellement superbe, que je me sens embarrassé. « Comment ! dit mon adversaire, nous vous avons traduit devant la justice du pays, nous vous avons sommé de faire vos preuves, et, le jour arrivé, vous reculez ; au lieu de faire venir des membres du conseil municipal, vous avez fait appeler je ne sais quels témoins,

qui déposent de prévarications remontant à 1842 ; or, pour celles-là , nous
ne disons ni oui, ni non, mais nous déclarons que les témoins ne peuvent
être entendus.. »

Je m'étonne de cette sévérité de mon adversaire ; car, en fait de témoins, M. Lavocat n'a pas été heureux ; et, à part M. Pélassy de l'Ousle,
qui forme une respectable unité , je comprends qu'il n'ait pas fait faire le
voyage à d'autres personnes de la même force que nos témoins que nous
avons appelés à la barre, tels que l'ingénieur qui a été chargé des travaux,
le vérificateur des travaux , un entrepreneur général , tous gens qui sont
commissionnés par l'Etat, et qui auraient révélé ce que vous savez très-
bien , et que M. Lavocat est heureux que le public ne sache pas. Mais,
quant à l'affaire Hourdequin , est-ce que nous avons besoin de témoins ?
Nous n'en avons pas fait appeler, par cette raison qu'ils sont ici remplacés
par des preuves écrites que toute l'habileté de mon adversaire n'a pu dé-
naturer, et qui demeurent dans toute leur force , même après tous ces certificats dont M. Lavocat est parvenu à orner sa vertu assez compromise,
et qui ne pourront pas la rétablir dans son assiette.

Vous savez que Hourdequin a été traduit en 1842, au mois de novembre ; il était inculpé d'un grand nombre de chefs de malversations. Dans
le cours de son interrogatoire , le président lui présenta un mémoire qui
avait été saisi à son domicile ; n'oubliez pas cela : ce mémoire était relatif à une affaire *Trémerie*. Sur le dos de ce mémoire était au crayon
une note qui constatait , non pas seulement cette plaisanterie qui a si
fort réjoui notre adversaire , mais le vote de chacun des membres du
conseil municipal , ce qui est tout autre chose.

Me Léon Duval. Ce n'est pas vrai !

Me Jules Favre. Cette apostrophe a le mérite de provoquer une réponse qui aura l'avantage d'être appuyée sur des preuves.

Avant les mots : *Galis hurle sur cette question*, il y a une note écrite
par un membre, constatant les votes et les opinions émises par les autres
membres. M. le Président demande : « Savez-vous de qui émanent ces
notes ? Ne sont-elles pas de M. Lambert de Sainte-Croix ? Non. Le Président ajoute : c'est une grave inconvenance d'écrire de pareilles notes
quand le conseil traite de si hautes questions. Il croyait qu'elle pouvait
être écrite par M. Lambert de Sainte-Croix , parce que, dans une autre
affaire, celui-ci avait eu avec Hourdequin des rapports qui ont été jugés
assez sévèrement par la justice.

M. Lambert en fut singulièrement contrarié ; il insista pour qu'on re-
connût que ce n'était pas lui qui avait écrit cette note, et, trois jours
après, M. Lavocat s'en fut au *Siècle*, et fit insérer une réclamation dont

mon adversaire ne nous a lu qu'une partie, je le comprends, parce que l'autre était accablante pour lui.

Mon adversaire a dit que Hourdequin était désintéressé dans l'affaire *Trémerie*. Cela n'est pas exact, cette affaire était une des plus scandaleuses de celles qui se sont déroulées devant la Cour d'assises. Il s'agissait d'ouvriers septuagénaires ou morts, dont les salaires étaient touchés et émargés avec de fausses signatures. Mon adversaire vous a dit que sur les 164, il n'y en avait eu que 16 dont on avait fait figurer les noms, et cela pendant plus de 12 années.

M. Galis, dont il n'a lu qu'une partie de la déposition, dit : « Nous avons voulu vérifier les états, nous avons trouvé que les 2/3 (entendez-vous bien !) au moins des ouvriers, sur cet état d'émargement, n'étaient que des fictions.

Il y avait 164 ouvriers, les 2/3 étaient donc 108 ; ils se sont étrangement multipliés.

Mon adversaire dit que Hourdequin était étranger à tout ceci ; mais les communications de M. Lavocat avec Hourdequin lui donnent un démenti ; Hourdequin obsède M. Lavocat pour avoir une réponse. « Hourdequin, dit M. Lavocat, s'est préoccupé de la discussion qui s'est agitée dans le conseil sur le service des carrières sous Paris. »

Vous voyez comme on traîne la vérité sous ses pieds quand il s'agit de se tirer d'une position détestable. Mon adversaire en est réduit à venir déclarer, contre la déposition de son propre client, que Hourdequin était désintéressé dans cette affaire ; et cependant, il était alors à la porte du conseil municipal, et, sur le dos d'un mémoire trouvé chez lui, une main avait écrit non-seulement la plaisanterie de *Galis hurle*, mais le résultat des votes du conseil.

Mon adversaire, dans le désespoir de ne trouver aucun moyen pour sa cause, a fouillé dans son esprit, et en a fait sortir quelqu'une de ces historiettes qui peuvent réjouir dans un salon, mais qui ne doivent pas être écoutées dans une Cour d'assises.

Je regarderais donc cette plaisanterie comme sans importance, si elle était seule ; mais cédant aux obsessions de Hourdequin avec lequel il était en communication, M. Lavocat lui transmettait le vote de chacun des membres du conseil, sur une affaire dont Hourdequin était vivement préoccupé. Eh bien ! il y avait là un doute et un soupçon que M. Lavocat devait éclaircir devant les électeurs : il le devait si bien, et à si juste titre, que, lorsque cette affaire a été décidée à Paris, M. Lavocat ne s'est pas représenté au conseil municipal, il s'est fait justice lui-même, et s'est retiré sachant qu'il ne serait pas réélu ; mais il a demandé qu'on le portât sur la liste des maires et adjoints, et il a échoué ; il a été frappé par la réprobation des électeurs de son arrondissement.

A-t-il été plus heureux auprès de ses collègues ? Mon adversaire vous a dit qu'ils lui avaient conservé son estime : M. Pelassy de l'Ousle est venu vous dire que M. Lavocat n'avait pas cessé d'être investi de toute sa considération.

M. Lavocat aurait mieux fait, au lieu d'apporter des lettres isolées, d'écrire une circulaire et de la faire signer par le conseil municipal.

M. Galis qui, dit M. Lavocat, l'a appelé *mon cher camarade*, aurait dû plutôt lui écrire : « Je vous tiens encore pour un homme honnête. » Il s'en est bien gardé.

Quant aux certificats que nous rapportons, ils prouvent seulement que votre procès est détestable, car vos amis ne manquent pas de vous le dire. Ainsi, l'honorable M. Besson vous écrit :

« Mon cher collègue,

« J'ai lu les deux imprimés que vous m'avez communiqués, et puisque vous tenez à savoir quelle a été mon impression en les lisant, je vous dirai que j'ai vu, dans la manière dont ont été rapportées certaines circonstances des affaires Fieschi et Hourdequin, une grande malveillance, un désir évident de faire échouer votre élection, n'importe comment ; à la vérité, *vous devez vous trouver trop au-dessus de telles insinuations, pour vous en affecter sérieusement.* . . . .

« Je n'ai pas besoin de vous dire que tous ces imprimés publiés à l'occasion de votre élection, ne sauraient changer en rien les sentiments d'estime et d'amitié que nous vous portons, et, en mon particulier, je vous prie, mon cher collègue, d'agréer les nouvelles assurances de mon bien sincère attachement.   « *Signé* BESSON,

          « Pair de France, président du Conseil général de la Seine.

« Paris, le 28 décembre 1846. »

M. Ganneron, vice-président du Conseil municipal, a donné également à M. Lavocat un certificat arraché par son insistance ; il faut convenir, toutefois, que M. Ganneron ne saurait avoir, en ce qui touche la conduite de M. Lavocat vis-à-vis d'Hourdequin, une bien grande autorité. Je trouve en effet, dans les débats de ce dernier, la preuve que M. Ganneron ayant à vendre une maison à la ville, a fait remettre 3,000 fr. de pot-de-vin à Hourdequin. Il eût été dès lors plus sage de ne pas recourir à son témoignage, qui ne saurait être désintéressé. Toutefois, en cédant aux obsessions de son ancien collègue, il l'engage aussi à ne pas faire de procès. « Vous auriez bien fait, lui écrit-il, de n'en tenir aucun compte. » Tous les autres conseillers gardent un silence bien significatif dans une cause comme celle-ci. Je dis qu'ils gardent le silence, et cependant, permettez-moi d'appeler votre attention sur la déposition d'un conseiller municipal dont on n'a pas parlé, de M. Lambert de Sainte-Croix. C'est un homme intéressant dans la cause, car M. le Président avait cru que les notes constatant le vote du conseil étaient de lui ; il protesta avec force. Si la chose était indifférente, si M. Lambert n'en avait pas senti toute la gravité, et n'avait pas compris que l'accusation du Président, qui prononçait son nom dans cette affaire, entachait son honneur, il n'eût pas protesté, il n'eût pas dit que le blâme de cet acte devait être renvoyé à son auteur, parce qu'il y avait là quelque chose de contraire aux devoirs des conseillers municipaux.

Eh bien ! je demande si M. de Boullenois est bien coupable d'avoir insisté sur un pareil fait ? si son honneur, à défaut de celui de M. Lavocat, n'a pas dû s'éveiller en voyant M. Lavocat garder le silence sur les interpellations qui lui étaient adressées par la presse parisienne, et s'il n'a pas exercé un droit légitime, et obéi au sentiment de son devoir, en appelant la discussion, c'est-à-dire la lumière de la vérité sur un pareil fait ?

M. de Boullenois a déclaré qu'il n'avait jamais eu la pensée d'imputer à M. Lavocat une complicité avec Hourdequin, et vous ne trouverez rien dans ses écrits qui autorise M. Lavocat à tenir le langage que vous avez entendu. M. de Boullenois n'a voulu qu'une chose, obtenir des explications de M. Lavocat ; et quant à lui, si un soupçon est demeuré dans son esprit, ce n'est pas celui d'une complicité, mais celui d'une faiblesse ; il a cru que se laissant aller à je ne sais quelle intimité avec Hourdequin, M. Lavocat lui avait envoyé imprudemment le vote de l'assemblée sur une question qui l'intéressait. Mais il y avait plus qu'une inconvenance, il y avait oubli de tous ses devoirs, car il ne faut pas dire que, selon les exigences de la circonstance, on peut introduire dans le sein d'un conseil secret une personne qui n'y doit pas avoir accès. Non, les règles, sur ce point, doivent être rigoureuses ; le devoir n'admet pas de tempérament. Le Conseil municipal délibère à huis-clos ; celui de ses membres qui envoie à un étranger le vote de chacun d'eux, viole ouvertement ses obligations et mérite un blâme sévère ; et, quand il se présente pour briguer les honneurs de la députation, on a bien le droit de l'interpeller sur un pareil fait.

Un dernier mot sur cette étrange production que M. Lavocat n'a pas craint de faire en présentant à votre barre un témoin, et quel témoin ! qui, par aberration d'esprit, serait tombé sous l'inspiration et le commandement de M. Lavocat, qui a essayé d'insinuer que M. de Boullenois avait été fouiller dans la vie privée de M. Lavocat pour y rechercher des dissentiments de famille. Votre conscience vous a dit ce qu'il fallait penser de la convenance d'une pareille accusation dans la bouche d'un pareil homme, et je m'étonne que M. Lavocat n'ait pas compris tout ce qu'il y avait d'indigne dans la production de ce certificat qu'il a été arracher à la faiblesse d'un employé de la préfecture, qui porte le nom de Boullenois, exploitant les dissidences de famille et ne craignant pas de jeter dans la discussion un nom qu'il ne parviendra pas à déshonorer à son profit. Vous n'avez pas craint d'insinuer, contrairement à une vérité que vous savez et que vous dénaturez à dessein, que M. de Boullenois n'a pas d'autre parent que cet homme, qui ne rougit pas, en portant le même nom que l'accusé, d'accabler celui-ci par un témoignage plein de lâcheté et d'ignominie. Vous savez bien que M. de Boullenois comparaît à l'audience entouré de sa famille, assisté de ses deux frères qui, autant qu'il leur est possible, partagent la solidarité de sa position; mais vous étiez bien aise de le percer au cœur, vous qui parlez toujours de stylet et de poignard. Oui, un pareil témoignage vous était interdit; il ne vous était pas permis de faire descendre le parent contre le parent, de vous servir d'une lettre signée *de Boullenois*, afin de perdre un homme que vous savez honorable et qui est soutenu par ce qu'il y a de plus pur et de plus considéré dans le pays. Eh bien ! de pareils procédés font juger vous et votre cause. Mais MM. les jurés n'en ont pas besoin ; ils se rappelleront que, dans tous ces débats, il n'y a qu'une seule question, non pas celle de l'honneur de M. Lavocat, de sa fortune politique, de ses espérances futures ; qu'il continue son œuvre, qu'il gouverne le pays dont il est le représentant, qu'il dispose des mairies et des justices-de-paix, qu'il soit omnipotent auprès du Ministère, qu'il fasse courber le genou par tous les employés de l'existence desquels il dispose, à lui permis ! Mais que, pour le besoin de sa grandeur, il prétende disposer aussi de la justice, qu'il veuille tenir le fil de nos consciences comme il tenait le fil de la pensée du criminel auprès duquel il est descendu, qu'il fasse intervenir dans la lutte les noms les plus augustes et les plus respectés, et qui devraient être ménagés surtout par lui, qu'il interprète de la manière la plus inconvenante la présence du haut magistrat qui veut bien participer à ces débats, voilà ce qui devait lui être interdit.

Eh bien ! quand vous serez entrés dans la chambre de vos délibérations, vous vous demanderez : M. de Boullenois est-il un diffamateur? a-t-il voulu perdre M. Lavocat, et, poussé par un sentiment d'animosité et de haine, détruire sa considération et son honneur? Vous direz : Non, il a obéi à une pensée de tout autre nature; il a voulu qu'un candidat, se présentant devant ses pairs, leur donnât des explications catégoriques; il sortira de ce procès complètement justifié, et, quant à son adversaire, je le renvoie aux prochaines élections; là, le jugement du pays l'attend. Je persiste dans mes conclusions.

(Une longue agitation succède à cette remarquable plaidoirie. Me Jules
Favre se voit aussitôt entouré et félicité par les membres du barreau
du département, qui s'étaient donné rendez-vous à Mézières pour assister à ce débat solennel.)

M. le procureur-général, dans un réquisitoire que le défaut d'espace ne
nous permet pas même d'analyser, a conclu à la condamnation.

Une audience extraordinaire du soir a été consacrée aux répliques.

RÉPLIQUE A Me LÉON DUVAL ET A M. LE PROCUREUR-GÉNÉRAL.

Me Jules Favre.—Messieurs, j'avoue que j'admire, mais que je n'envie
pas le courage que mon adversaire vient de mettre à étaler devant vous
des anecdotes, des épigrammes qui, à coup sûr, à l'heure qu'il est, vous
ont paru sans doute à tous assez étrangères au procès. Et, parodiant un
de ces mots, je pourrais dire que j'ai trop de respect pour votre fatigue,
que j'ai trop de fatigue moi-même pour essayer d'avoir autant d'esprit.

Que M. Lavocat, dans la position qu'il s'est faite, soit dans la nécessité
de recourir à de pareils moyens, je le comprends; mais ces moyens ne
toucheront pas vos consciences. Il ne s'agit pas ici de panégyrique de
M. Lavocat, il ne s'agit pas des exagérations à l'aide desquelles, grandissant tous ses services, et faisant un vieux soldat d'un homme qui a
porté quelques mois l'uniforme dans la campagne de 1814, et qui, depuis,
n'a eu d'autres services que ceux de sa manufacture des Gobelins, mon
adversaire veut à tout prix attirer sur la tête de M. Lavocat un intérêt
qui aurait pour objet la condamnation d'un innocent. Ce qu'il vous a
dit, a prouvé qu'il avait une mission de haine et d'injures à accomplir; il
s'est montré fidèle jusqu'au bout au rôle qu'il avait essayé de remplir
dans la plaidoirie. Il n'a pas épargné les insinuations les plus malveil-
lantes; mais, encore une fois, de pareilles armes ne blessent que ceux qui
les emploient. M. de Boullenois est au-dessus de ces insinuations; vous
aurez à juger et son écrit, et l'intention qui l'a dicté; et si, comme moi,
malgré toutes ces attaques, vous conservez cette conviction que son intention a été pure, que l'écrit ne contenait qu'une sommation adressée au
candidat, lequel devait compte au pays de ses opinions et de ses actes,
vous prononcerez en faveur de M. de Boullenois un acquittement, sans
vous inquiéter de ses conséquences possibles sur la vanité blessée de
M. Lavocat.

Dans la position que j'occupe, c'est à de simples explications que je
dois me borner. La défense a aussi tous les désavantages; elle lutte, et
contre le talent et contre le nombre; mes adversaires sont deux contre
moi, et ce n'est pas du dernier que vous venez d'entendre, que je devais
attendre la générosité qui nous aurait épargné de plus longues explica-

tions. Il faut donc que je m'exécute, car c'est moi surtout qui représente les intérêts les plus sacrés de la cause, qui, aux termes de la loi, ai le droit de parler le dernier pour avertir vos consciences.

M. le Procureur-général, avec la gravité de son ministère, est venu vous dire : « La parole que je prononce est une parole indépendante et loyale. » Sans doute la haute position de M. Lavocat donne à ce procès plus de gravité; s'il est attaqué, les fonctions qu'il remplit peuvent s'en ressentir, et c'est pour venger son injure que le chef du parquet est intervenu dans le procès.

M. le Procureur-général vous a dit : Vous jugerez l'écrit. Il a été jusqu'à confesser que l'appréciation qu'il en faisait était celle d'un homme qui n'en conserverait pas moins toute son indépendance, et que dans ce débat où nous luttons, c'est à vous qu'il appartient de prononcer sur le sort de M. de Boullenois.

M. le Procureur-général, en parcourant les charges qui se dressent contre M. de Boullenois, vous a dit, en substance, que l'écrit incriminé contenait contre M. Lavocat des imputations d'une nature telle, que son honneur en était nécessairement atteint. Il n'y avait donc qu'une question à examiner, celle de savoir si M. de Boullenois avait été de bonne foi ; et M. le Procureur-général lui a refusé le bénéfice de cette excuse.

Je lui en demande pardon, mais il a semblé oublier la matière dans laquelle s'agite ce procès, et l'enceinte où nous sommes. Sans doute, si nous étions devant le tribunal de police correctionnelle, là où le simple fait, portant atteinte à l'honneur et à la considération d'un citoyen, suffit pour entraîner la preuve de la diffamation, et la peine de la diffamation contre celui qui l'a allégué, il aurait raison. Mais c'est vis-à-vis d'un fonctionnaire public que l'attaque a été dirigée. Or, d'après l'esprit de nos institutions, le fonctionnaire public doit compte de chacun de ses actes à l'opinion publique; celle-ci peut s'égarer : c'est vous, Messieurs, qui la maintenez dans les limites de la raison, de la modération et de la vérité. Mais à la différence des simples particuliers, le fonctionnaire public ne peut pas dire : Voici l'injure, la diffamation doit être prouvée ; il doit souffrir, dans cette enceinte où la vérité peut se manifester, la discussion libre des actes à l'occasion desquels il a cru devoir saisir la justice du pays.

Ainsi, quand bien même nous n'aurions pas établi ce qui, je crois, est demeuré debout, malgré l'opinion contraire du Procureur-général, que, dans la lutte électorale où il se trouvait engagé, après les publications de journaux que j'ai mises sous vos yeux, après le silence que M. Lavocat aurait gardé en présence de ces publications, M. de Boullenois devait se croire dans l'obligation d'appeler, de la part de M. Lavocat, des explications précises sur chacun de ces faits; quand bien même je n'aurais pas établi dans cette partie de ma discussion un rempart infranchissable, derrière lequel il est impossible que M. le Procureur-général puisse atteindre M. de Boullenois, il me resterait encore à examiner si M. de Boullenois n'a pas fait devant vous la preuve la plus complète de la vérité des allégations qui sont contenues dans l'écrit incriminé.

A cet égard, je rencontre à la fois M. le Procureur-général et mon adversaire. Mon adversaire surtout, avec cette acrimonie de langage qui le distingue, vient nous dire : « Vous avez battu les mauvais lieux des environs de Paris ; on vous a vu vous asseyant à la table des marchands de vins, cherchant à recruter des témoins parmi les agitateurs, votre société ordinaire. »

J'avoue que j'éprouve un sentiment que je ne puis définir, car sa définition irait peut-être au-delà des bornes de la modération , quand j'entends mon adversaire insister sur ce fait ; et je ne comprends pas comment il n'est pas honteux du personnage qu'il fait jouer à son client. Quand le témoin produit par M. Lavocat a paru, il a soulevé chez M. de Boullenois une pensée de dégoût bien naturel , car il était convaincu qu'il était à côté de la vérité. Lorsqu'en effet M. de Boullenois est allé visiter ce marchand de vins (ce qui est permis, quoi qu'en dise mon adversaire), pour connaître un fait de la vie publique de M. Lavocat, sur lequel vous nous avez empêché de nous expliquer, il lui a parlé seul à seul ; et celui que vous avez entendu n'était pas présent à la conversation : ce qu'il nous a rapporté, il ne l'a pu savoir que par la police, que, pendant plusieurs semaines, M. Lavocat a mise aux trousses de M. de Boullenois.

Mais vos oreilles ont entendu ce qui était favorable à votre client ; votre esprit s'est chargé d'interpréter ce que vous avez entendu ; voilà pourquoi M. de Boullenois a repoussé ce témoin, sachant qu'il ne pouvait dire la vérité. Mais qu'il soit allé dans les cabarets, il vous laisse un pareil rôle; c'est vous qui avez produit des témoins pareils ; ne venez pas nous reprocher vos fautes , subissez-en la responsabilité. Si nous n'avons pas fait paraître de témoins sur les affaires Hourdequin et Fieschi, c'est que nous avions des preuves toutes faites de la vérité de nos allégations ; et, quant au fait relatif à la tannerie , nous étions tout prêts à prouver ce que la loi, dont les lumières de la Cour ont été l'organe, ne nous a pas permis.

Voilà notre position. Et maintenant, est-ce que nous n'avons pas prouvé, et en ce qui concerne l'affaire Fieschi et en ce qui concerne l'affaire Hourdequin, la vérité des allégations qui sont imprimées dans le pamphlet de M. de Boullenois, comme on l'appelle?

En ce qui concerne Fieschi , est-ce que vous avez révoqué en doute une seule des circonstances qui ont été par nous relevées ? Vous vous êtes bornés à vous jetter dans des explications sur la grandeur des services rendus par M. Lavocat au pays ; vous avez insisté sur le courage qu'il avait montré en consentant à se compromettre jusqu'au point de se faire le traducteur officieux de ce criminel qui venait dénoncer ses complices , pour lesquels vous savez que je n'ai pas plus de sympathies que vous. Mais vous n'avez pu vous empêcher de descendre à cette malice , qui prouvait que vous avez autant d'esprit que vous supposez que les autres n'ont pas de cœur. Mais, quant à la vérité des faits que nous avons articulés, ils sont historiques. Vous venez de nous dire que M. Lavocat a consenti à s'asseoir au chevet de Fieschi, parce qu'il y avait été introduit par les noms les plus considérables de France , le Ministre de l'intérieur, le Chancelier.

Mon adversaire n'a pas senti ce qu'il y avait de grave dans une pareille défense ; il serait dans mon droit et dans mon privilège de discuter son opinion, et d'examiner de quelle garantie morale peuvent être pour M. Lavocat, au point de vue de l'histoire, les cautions qu'il a nommées; et si mon adversaire le voulait, je pourrais lui dire que la justice , c'est-à-dire le pouvoir le plus élevé dans la société, se sert des instruments qu'elle a dans les mains pour arriver à la découverte de la vérité ; elle peut exalter ces instruments, mais elle n'en conserve pas moins, sur la moralité des actes auxquels ils se résignent , une opinion qu'elle se garde d'exprimer , qu'elle réserve pour l'intimité de sa conscience, et qui n'en est pas moins sévère. En voulez-vous une preuve?

M. le Procureur-général disait qu'il y a des positions difficiles et pénibles , que M. Lavocat s'était trouvé dans des circonstances qu'il peut déplorer aujourd'hui , et que personne de nous ne voudrait voir se réaliser à son préjudice.

Qu'est-ce à dire, Messieurs? la pensée de M. le Procureur-général ne saurait avoir deux faces, et ces paroles montrent l'embarras qu'il éprouvait sur cette partie de la cause.

Combattu qu'il était par la secrète répugnance de sa conscience, et dominé, d'un autre côté, par la nécessité d'expliquer la conduite de M. Lavocat, il était préoccupé de cette idée que M. Lavocat, par un sentiment de dévouement à ses devoirs, avait pu faire une chose que M. le Procureur-général pourrait bien n'avoir pas faite à sa place, que beaucoup d'autres personnes, et de ces honnêtes gens dont mon adversaire voudrait avoir le monopole, et que je lui demande la permission de conserver aussi dans mon camp, voudraient n'avoir pas faite à la place de M. Lavocat. Je vous demande si ce n'est pas là la justification complète des doutes qui ont été émis par M. de Boullenois, alors que, rappelant les faits exprimés à satiété dans les journaux, jetés à la face de M. Lavocat sans que M. Lavocat y fît une réponse, il sollicitait de sa part des explications catégoriques sur cette partie de sa vie publique. Encore un coup, M. de Boullenois se faisait, sur ce point, l'organe de l'opinion générale, de cette susceptibilité naturelle au caractère français dont parle Louis Blanc dans son remarquable ouvrage (1), de cette susceptibilité qui amène les consciences délicates et timorées à blâmer l'acte que M. Lavocat a cru devoir faire. M. de Boullenois a pensé que c'était un mauvais renseignement pour un candidat à la députation, et il a désiré que M. Lavocat donnât des explications : il n'y a pas autre chose dans son écrit.

Quant à l'affaire Hourdequin, il faut que je vous dise, en réponse à ce qui a été dit par M. le Procureur-général et par mon adversaire, que sur ce point comme sur le premier M. de Boullenois a fait sa preuve, et sa preuve complète : car enfin, M. Lavocat joue de malheur ; il est encore ici en rapport avec un homme qui plus tard a été condamné à quatre ans de prison pour concussions et malversations publiques.

Cet homme avait, pendant de longues années, gagné la confiance de ses chefs par une conduite en apparence irréprochable, et qui n'était qu'une détestable hypocrisie. Cette hypocrisie, il l'a continuée même après sa condamnation, et plusieurs personnes sont demeurées ses amis, qui n'ont été que ses dupes.

Quel n'a pas été mon étonnement, quand j'ai entendu Hourdequin réhabilité ! Hourdequin, dit M. le Procureur-général, Hourdequin qui vendait la justice administrative, qui se faisait donner des pots-de-vin pour déshonorer la ville de Paris par de faux alignements, qui laissait moisir les plans dans les bureaux quand ils n'étaient pas accompagnés de quelques piles de cent francs, et qui faisait deux poids et deux balances pour le pauvre et le riche !

Il m'est impossible de partager de pareilles sympathies. Cet homme a été flétri par la justice du pays ; le verdict du jury a été une œuvre de moralité et de sagesse, et c'est un malheur dans la vie d'un homme que d'avoir eu une intimité quelconque avec celui qui a eu une pareille fin.

M. Lavocat a eu cet honneur ; et, ce qui peut paraître équivoque, M. Lavocat, dans le sein du conseil, a fait passer à Hourdequin, aux obsessions duquel il cédait, la physionomie du conseil et le vote de chacun des membres qui participaient à la délibération. Le fait est-il vrai ou non ?

M. Lavocat. — Non.

Me Favre. — Vous dites non. Je dis oui, d'après le compte rendu des dé-

____

(1) *Histoire de Dix Ans.*

bats ; mais que vous ne l'ayez pas fait passer d'instant en instant, il n'en est pas moins vrai que vous l'avez fait passer.

Hourdequin avait un intérêt extrême à connaître les résultats de la délibération ; voilà la vérité : elle a été prouvée à cette audience, et prouvée avec des arguments irréfutables. Que voulez-vous davantage ?

M. le Procureur-général a dit que l'écrit de M. de Boullenois avait paru si tard, qu'il avait été impossible à M. Lavocat de se justifier. Mais depuis le commencement de juillet M. Lavocat avait été attaqué dans la presse, précisément à raison des mêmes faits ; son attention avait été éveillée dans des termes plus durs par *le National*, par *le Courrier Français*, par cette biographie qui n'est pas anonyme, comme l'a dit mon adversaire avec une telle dépense d'esprit, en vous faisant assister au martyre de tous ces hommes d'Etat, les uns accusés de concussions, et d'autres d'inceste. Et en vérité, il y avait de sa part abus de commisération et de pitié, que d'appeler votre attention sur de pareilles souffrances. Ce n'était pas une biographie anonyme ; elle était extraite du *National*, et je ne sache pas que jamais un journal ait été qualifié d'écrit anonyme.

Eh bien ! M. Lavocat, qu'on y représentait comme le confesseur de Fieschi et l'ami d'Hourdequin, avait bien dû s'attendre qu'il serait question de pareils faits devant les électeurs. Et voilà pourquoi, en publiant ses écrits le 27 juillet, M. de Boullenois laissait à M. Lavocat le temps nécessaire pour répondre. D'ailleurs, que lui demandait-on ? On lui demandait que, devant les électeurs, dans une communication franche et loyale, il fît connaître ses moyens de justification, et dissipât les doutes que les publications de la presse avait pu faire naître dans les esprits. Et il ne faut pas aller jusqu'où le Procureur-général a voulu conduire l'intention de M. de Boullenois, lorsqu'en mettant sous vos yeux certains passages de l'écrit, il a dit : « L'insinuation est aussi claire que le jour ; on a voulu rattacher les actes de Lavocat aux concussions d'Hourdequin. » Jamais cependant M. de Boullenois, interpellé devant le juge d'instruction et à l'audience, n'a entendu soutenir que M. Lavocat était le complice d'Hourdequin.

Ce que j'ai dit, je le répète ; je ne veux pas que mon adversaire abuse de ma déclaration, qu'il la défigure pour surprendre votre religion. Je n'ai pas dit que je tenais M. Lavocat pour un homme dont l'honnêteté est à l'abri de toute espèce de soupçon ; mais j'ai dit que M. de Boullenois s'était contenté d'admettre le doute qui était dans tous les esprits, qu'il avait été le traducteur de la pensée publique, qu'il avait dit à un candidat qui se présentait pour la députation, qu'il a laissé publier sur son compte des accusations capables d'inquiéter la conscience des électeurs, et qu'il doit répondre aux interpellations qu'on lui adresse.

Voilà ma déclaration, dans laquelle je persévère, et qui, je l'espère, mettra la bonne foi de M. de Boullenois suffisamment en lumière, pour qu'il vous soit impossible de prononcer contre lui une condamnation.

Toutefois, mon adversaire a essayé, à l'aide d'un certificat signé par un parent avec lequel M. Lavocat savait que M. de Boullenois avait été en délicatesse, de jeter des doutes sur la moralité de ce procès.
à je ne sais quel refus de faveur dont un autre parent de M. de Boullenois

Voilà par quels misérables moyens ces hommes viennent ici, de mauvaise foi, chercher à jeter des doutes sur les intentions de leur adversaire. Mais avez-vous contre nous le commencement d'une lettre ? Sommes-nous allés nous humilier devant votre grandeur de département ? Non.

Il ne vous est pas permis de calomnier un honorable citoyen ; vous cherchez à jeter du venin partout, vous en avez besoin ; mais il restera sur vous, il ne déteindra pas sur votre adversaire.

M. de Boullenois, qui n'a jamais rien demandé, qui vit honorable, à l'abri de toutes ces suggestions qui vous dévorent, qui ne vous a jamais rencontré dans cette carrière d'honneurs où vous êtes toujours mécon-tent, M. de Boullenois, usant d'un droit légitime, vous a interpellé sur des imputations vis-à-vis desquelles vous avez gardé le silence.

Je demande si une cause n'est pas jugée quand elle emploie de semblables moyens.

On nous dit qu'en présence du certificat de l'honorable M. Ternaux, M. de Boullenois aurait dû s'abstenir, se rétracter même. Il ne l'a pas fait, il est allé plus loin dans son deuxième écrit, car il est allé jusqu'à incriminer M. Lavocat à propos d'une cession de terrain faite en 1831 ; et, à cette époque, il a affirmé qu'Hourdequin était au bureau de la voirie.

Nous sommes heureux que l'adversaire ait bien voulu venir en aide à l'insuffisance de notre procédure, non pas que nous n'ayons pas eu des témoins tirés ailleurs que d'un cabaret, tout prêts à attester la vérité des faits ; mais ils n'ont pu être entendus aux termes de la loi : mon adversaire est venu en aide à cette citation, en parlant de différentes pièces se rattachant à cette affaire.

Il y a deux faits sur lesquels j'appelle votre attention : le premier est la vente faite par M. Lavocat à la ville. Nous avons demandé à M. Lavocat une chose bien simple : « Vous allez comparaître devant les électeurs ; dites-nous quelle indemnité vous avez reçue à l'occasion de la vente de votre propriété. » On appelle cela de la diffamation.

M. Lavocat, qui savait avoir des reproches à se faire, nous a signifié l'acte; mais il n'était pas maître de le tronquer, et vous allez voir quelles singulières stipulations il contient, et s'il est possible de rencontrer quelque chose de plus fâcheux dans la vie d'un conseiller municipal.

M. Lavocat vend une partie de terrain située dans la rue Saint-Hippolyte, c'est-à-dire dans un quartier désert, où les terrains n'ont aucune valeur; il la vend moyennant 144 fr. le mètre, c'est-à-dire 6,217 fr. Il est vrai que ce terrain était couvert d'une masure servant d'appendice à une tannerie : cette masure n'avait aucune valeur, et cependant il vend son terrain 144 fr. le mètre! Savez-vous combien, plus tard, en 1842, il achète le terrain de la ville, dans le même quartier, sur la Bièvre? 15 fr. le mètre. Il a donc fait un bénéfice énorme. Aussi l'acte de délibération du Conseil municipal contient un considérant précieux, qui prouve que les appétits de M. Lavocat, bien qu'ils aient eu une pâture fort opulente, n'étaient pas encore satisfaits.

M. Lavocat, par ses recommandations, par ses démarches, avait réussi à obtenir du Préfet une indemnité sur laquelle le Conseil municipal donne un coup de sabre et dit que le système adopté était de nature à compromettre les droits de la ville.

Il nous a signifié un certificat de M. le Préfet, qui établit les conditions moyennant lesquelles il a obtenu la cession ou l'échange de terrains. Il résulte de ce certificat, que M. Lavocat a fait faire, au compte de la ville, des constructions nouvelles, à lui seul profitables, que la ville n'a pas voulu payer; mais, à force de démarches, il obtient une indemnité : ce n'est pas grand' chose que 600 fr., mais les petits ruisseaux font les grandes rivières. M. Lavocat, avec une adresse merveilleuse, se fait tout donner, il prendrait la ville de Paris si on pouvait la prendre; et vous voyez que, lorsqu'il est question d'un supplément de travaux qui doit être à la charge de M. Lavocat, il a l'habileté de le faire payer à la ville; et, là-dessus, vous auriez pu entendre des témoins qui vous auraient donné des détails capables d'édifier complètement votre conscience.

Eh bien! je vous demande si M. de Boullenois n'a pas été de bonne foi lorsqu'il a conçu des soupçons sur la moralité de M. Lavocat comme conseiller municipal; s'il n'a pas usé de son droit quand il lui a demandé des explications sur chacune de ces particularités qui contiennent des mystères que M. Lavocat est forcé de tenir dans l'ombre; car, lorsque la lumière y pénètre, c'est pour montrer des actes dont il a à rougir.

M. de Boullenois voulait que M. Lavocat donnât des explications franches et complètes; M. Lavocat l'a bien compris, et c'est pourquoi il ne les a pas données. Il a été trouver M. Mortimer Ternaux, en mendiant un certificat, remède impuissant qu'il a été obligé d'accompagner de réflexions insultantes et injurieuses contre M. de Boullenois. Celui-ci n'a point fait de procès, comprenant que, dans la vivacité de la lutte électorale, il faut passer beaucoup à l'entraînement de l'esprit de parti.

Mon adversaire a parlé de M. de Peyronnet, de M. de Martignac, de l'aventure de Ham, de ministre accusé d'inceste : je ne m'attendris pas sur des fictions ; il aurait mieux fait de vous dire pourquoi M. Lavocat, devant les électeurs, ne s'est pas expliqué ; pourquoi il nous a fait un procès précisément le jour où il se trouvait dans les angoisses d'un ballottage, et dans la nécessité de se tirer d'un mauvais pas par un coup d'éclat ; il aurait senti que le terrain lui manquait sous les pieds, et qu'il n'y avait, de la part de M. Lavocat, qu'une manœuvre électorale.

M. le Procureur-général disait qu'il fallait, à tout prix, un holocauste dans cette affaire ; que la morale publique, que le repos des familles et de le société exigeaient que M. de Boullenois fût condamné ; et, toujours cédant à ce double sentiment dont son réquisitoire a été constamment empreint, il nous disait qu'il appartenait à la Cour d'être indulgente ; que quant à vous, jurés, vous deviez vous montrer sévères.

Il m'est impossible d'adopter une pareille doctrine, et surtout de ne pas protester contre son application possible.

Non, vous ne pouvez admettre de semblables tempéraments : si M. de Boullenois est coupable, si, comme mon adversaire a essayé de l'insinuer, il a eu un honteux motif de vengeance personnelle, et a attaqué M. Lavocat pour avoir refusé sa protection à l'un des siens, frappez-le ! Mais si vous êtes convaincus, comme cela sort des débats, que M. de Boullenois n'a fait qu'user de son droit, qu'il a cédé au sentiment du devoir, que, se trouvant face à face avec M. Lavocat, il s'est dit qu'il y avait quelque chose d'équivoque et de louche dans la vie de cet homme ; que ce ne peut être sans raison qu'il a échoué deux fois devant les électeurs de Paris, qui ont refusé de le mettre même sur la liste des adjoints et des maires ; que ce ne peut être sans raison qu'il s'est retiré de la candidature du conseil municipal : si vous êtes convaincus que c'est là le seul sentiment qui a fait agir M. de Boullenois, si vous pensez comme moi que la vérité des faits qu'il a allégués à l'état de doute, ressort de toutes les pièces et explications de ce procès, encore un coup, sans vous préoccuper de l'effet de votre verdict au dehors (car ici les passions étrangères ne sauraient trouver accès), vous remplirez votre œuvre de justice et de vérité ; vous ne voudrez pas que celui qui est innocent porte la peine du coupable, et vous prononcerez que M. de Boullenois, cédant à un sentiment honorable, n'a pas mérité la peine qu'on appelle sur lui.

M. Lavocat donne ensuite quelques explications personnelles , après lesquelles M. le président résume les débats.

Les jurés se retirent dans la chambre des délibérations, et reviennent, après trois quarts d'heure, avec un double verdict de culpabilité contre le préven .

M. le Procureur-général requiert l'application de la loi relative à la diffamation contre un fonctionnaire public.

Me Léon Duval. — Voici mes conclusions :

« Attendu qu'il résulte de la déclaration du jury que Charles-Ernest de Boullenois s'est rendu coupable de diffamations rendues publiques par la voie de la presse;

« Plaise à la Cour condamner M. de Boullenois par corps à payer à M. Lavocat, à titre de réparation civile des outrages et des diffamations publiques que nous avons indiqués , la somme de 20,000 fr., qui sera consacrée à une destination de bienfaisance;

« Ordonner la suppression des deux imprimés, et l'insertion de l'arrêt dans trois grands journaux de Paris , et dans tous les journaux du département des Ardennes;

« Condamner enfin le dit de Boullenois aux dépens. »

Me Jules Favre. — Il faut que je reprenne des forces pour combattre ces conclusions. Quant à l'application de la peine, je n'ai autre chose à faire que de placer M. de Boullenois sous la protection des paroles de M. le Procureur-général.

Quant aux réquisitions de M. Lavocat, je n'ai rien à en dire, sinon qu'il lui faut bien du courage pour venir enter une spéculation d'argent sur la défaite de son adversaire, et chercher à s'enrichir parce qu'il a obtenu du jury un verdict satisfaisant. M. Lavocat , dans la plaidoirie de son défenseur, a rappelé les exemples de MM. de Broglie, Casimir Périer et le maréchal Soult, qui sont venus devant la justice du pays réclamer 25 francs de dommages-intérêts; ils se sont ennoblis par cette modération ; ils ont prouvé qu'en France, qui est un pays d'honneur et non d'argent, les paroles qui sont prononcées par le jury suffisent pour la réparation de l'honneur d'un citoyen, et que c'est mal comprendre cet honneur que de vouloir spéculer sur le malheur d'un homme qui vous a attaqué, et de chercher à remplir votre bourse pour réparer des outrages que l'argent n'a jamais guéris.

C'est une singulière manière de faire de la bienfaisance et de se créer le titre de grand aumônier de son département, que d'en demander les ressources à celui contre lequel on a obtenu une condamnation. Si M. Lavocat est touché du malheur de ses concitoyens, grâce à Dieu, la Providence lui a fait une position assez belle pour qu'il détache quelque chose de son superflu, afin de venir en aide aux misères auxquelles il compâtit. Je fais cette observation pour la dignité de la justice, et afin que nos mœurs publiques ne s'altèrent pas à ce point, que les hommes qui demandent des réparations d'honneur s'abaissent jusqu'à salir de leurs mains l'argent du pauvre. Votre arrêt doit combler la mesure de satisfaction que M. Lavocat demande, mais cette satisfaction doit être toute morale ; elle doit relever de cet ordre d'idées dans lequel vous vous placez quand vous prononcez que M. de Boullenois a mérité une peine ; vous ajouterez que cette peine suffira pour que M. Lavocat soit vengé.

La Cour se retire, et rentre au bout d'un quart d'heure, avec un arrêt par lequel elle condamne M. de Boullenois à huit jours d'emprisonnement, 1,000 fr. d'amende, à la suppression et destruction des écrits incriminés, à l'insertion de l'arrêt dans deux journaux de la capitale, et dans deux journaux du département, et enfin en 2,000 fr. de dommages-intérêts envers M. Lavocat.

Imprimerie de A. HENRY, 8, rue Gît-le-Cœur.

www.ingramcontent.com/pod-product-compliance
Lightning Source LLC
LaVergne TN
LVHW012225170726
843503LV00005B/2267